# 결국, 꿈은 이루어진다

흙 털어내면 모두가 금수저

**결국, 꿈은 이루어진다**

펴 낸 날   2019년 5월 28일

| | |
|---|---|
| 지 은 이 | 한익수 |
| 펴 낸 이 | 이기성 |
| 편집팀장 | 이윤숙 |
| 기획편집 | 이민선, 최유윤, 정은지 |
| 표지디자인 | 이윤숙 |
| 책임마케팅 | 임용섭, 강보현 |
| 펴 낸 곳 | 도서출판 생각나눔 |
| 출판등록 | 제 2018-000288호 |
| 주   소 | 서울 마포구 잔다리로7안길 22, 태성빌딩 3층 |
| 전   화 | 02-325-5100 |
| 팩   스 | 02-325-5101 |
| 홈페이지 | www.생각나눔.kr |
| 이 메 일 | bookmain@think-book.com |

- 책값은 표지 뒷면에 표기되어있습니다.
  ISBN 979-11-90089-16-6 (03190)

- 이 도서의 국립중앙도서관 출판 시 도서목록(CIP)은 서지정보유통지원시스템 홈페이지
  (http://seoji.nl.go.kr)와 국가자료공동목록시스템(http://www.nl.go.kr/kolisnet)에서
  이용하실 수 있습니다(CIP제어번호: CIP2019018297).

Copyright ⓒ 2019 by 한익수, All rights reserved.
- 이 책은 저작권법에 따라 보호받는 저작물이므로 무단전재와 복제를 금지합니다.
- 잘못된 책은 구입하신 곳에서 바꾸어 드립니다.

# 프롤로그

　사람은 꿈을 가지고 살아간다. 누구나 좋아하는 일이 있고, 이루고 싶은 꿈이 있다. 그러나 현실은 우리를 그렇게 순탄한 길로만 안내하지 않는다. 젊은 시절에는 일에 쫓겨서 또는 성공을 좇느라 아이들이 자라나는 모습도 제대로 못 보고, 가정을 잘 챙기지도 못한다. 아이들이 커서야 한숨 돌리고 뒤돌아보면 어느덧 인생의 전반이 끝나간다. 100세 시대 누구에게나 공평하게 주어지는 876,000시간, 어떻게 살고 무엇을 위해 살 것인지, 삶의 우선순위가 무엇인지 생각할 겨를도 없이 세월이 빠르게 흘러간다. 축구 경기는 지면 열심히 연습해서 다음 경기에 임하면 되지만, 인생은 다음 경기가 없다. 지나간 세월은 다시 돌릴 수가 없다. 인생을 자전거에 비유하면 뒷바퀴는 힘과 능력이고, 앞바퀴는 목표와 방향이다. 인생의 목표를 정하지 않고 살아가는 것은 마치 자전거를 탈 때 방향을 정하지 않고 페달만 열심히 밟는 것과 같다.

　필자는 가난한 농촌에서 태어나 어려서부터 고생을 하면서 자랐다. 초등학교 2학년 때는 교과서를 사지 못해 짝의 책을 빌려다가 베껴서 공부하기도 했다. 중학교에 가는 대신 열네 살 어린 나이에 주야 열두 시간씩 일하는 직물 공장에 들어가 공원으로 일하기도 했다. 주경야독으로 공부해서 대학을 졸업하고, 대기업의 중역, 중견기업의 사장을 지냈다. 2000년,

부도 이후 강성 노조와 폐업이라는 극한 노사 대립 가운데 지역 경제는 물론 한국 경제까지 위기로 내몰았다는 오명을 써야했던 회사, 대우자동차에서 사업본부장을 역임하면서 혁신을 통해 기업 회생의 중심적인 역할을 했다. 여느 중소·중견기업과 다름없이 인력난과 잦은 인원 변동 등으로 경영의 어려움을 겪던 회사, GM 협력업체 400개 중 최하위 그룹에 속해 있던 회사의 CEO로 있으면서 놀라운 혁신을 이루어 4년 만에 모기업인 두산인프라코어, GM이 벤치마킹하는 회사를 만들었다. 이러한 혁신의 경험을 바탕으로 한국형 창조 경영 혁신 시스템인 'RBPS 경영 혁신 시스템'을 구축하여 변화와 혁신의 아이콘이 되었고, 『우리는 우리를 넘어섰다』와 『혁신의 비밀』이라는 책도 냈다. 68세까지 중견기업 CEO를 역임하고, 지금은 퍼스널 브랜드가 된 'RBPS 혁신 시스템'을 세상에 전파하여 더 나은 세상을 만들어가고자 'RBPS 경영 연구소'를 설립하고 강의, 컨설팅, 집필 활동을 하고 있다.

지난 삶을 뒤돌아보면 어려운 고비도 많았지만 생각해보면 감사한 마음뿐이다. 부모님은 나에게 재물 대신 누구보다 건강한 DNA를 주셨고, 긍정적인 성격을 주셨다. 더 이상 내려갈 곳이 없는 어려운 환경에서 태어난 덕분에 누구보다 많은 인생 경험을 할 수 있었고, 이것이 인내와 열정(GRIT)을 만들었다. 젊어서부터 교육자의 꿈을 가지고 있었지만, 그 길로 들어서지 못하고 다른 길을 가다가 인생 후반에 결국 가고자 하는 길을 찾았다. 사람은 누구나 타고난 재능이 있다. 어려서부터 그것을 발견하고 키워나가면 최상이지만, 비록 처음에는 다른 길로 출발하더라도 목적지가 분명하면 언젠가는 그 목적지에 도달하게 된다는 것을 경험을 통해 깨달았다. 어려운 환경 속에서 칠흑처럼 어두운 밤길을 헤매더라도 우리의 마음 밭에 꿈과 비전에 대한 생각의 씨앗을 심고, 그 보물을 끈기를 가지고 가꾸어나가면 언젠가는 그것이 자라서 열매를 맺게 된다는 것을 알게 되었다. 마음속 깊은 곳에 간절히 원하는 꿈이 있으면 결국 그 꿈은 이루어진다.

이 책은 그동안 『혁신의 비밀』 기고를 통해 정리된 내용을 중심으로 어려운 환경을 극복하면서 얻은 삶의 교훈들, 좋은 성공 습관에 관한 이야기, 혁신에 관한 이야기, 일에 쫓기는 생활 속에서도 작은 행복을 쌓아가는 이야기, 인생의 후반을 살지게 할 개인 브랜드 만들기, 의미 있는 삶에 관한 이야기, 성공적인 삶을 위한 인생의 큰 그림에 관한 이야기 등이 수록되어있다. 이 책에는 어려운 환경 속에서도 치열한 삶을 살아가면서 난관을 극복하고, 가고자 하는 길을 찾아가는 한 사람의 진솔한 삶의 이야기가 담겨있다. 하루하루를 학벌, 직장, 사는 동네, 차종, 아이들 성적 같은 서열화된 수직적 가치관이 지배하는 우리 사회의 치열한 경쟁 속에서도 성공적인 삶, 행복한 삶, 의미 있는 삶을 꿈꾸며 삶의 무게를 온몸에 받으며 힘겹게 살아가는 많은 사람에게 이 책이 조금이나마 위로와 도움을 주는 참고서가 되기를 바라는 마음이다.

끝으로 이 책이 완성되기까지 독자 관점에서 일일이 글을 읽고 교정을 해준 아내와 기고를 통해 삶의 경험과 지혜가 글로 엮어질 수 있도록 지면을 할애해 주신 미래신문 유인봉 대표님과 이 책이 세상에 나올 수 있도록 산파 역할을 해 주신 생각나눔 출판사 이기성 사장님께 감사드린다.

2019. 5.

한익수

— 차례 —

프롤로그

**제1장 | 고난은 성공의 디딤돌이다**

**01** 고생으로 시작한 어린 시절·12 / **02** 내 인생을 바꾼 특별한 만남·15 / **03** 마중물 역할을 한 달리기 주특기·18 / **04** 외로울 때 친구로 찾아오신 예수님·22 / **05** 말 한마디가 한 사람의 삶을 바꾸기도 한다·26 / **06** 흐르는 냇물에서 돌들을 치워버리면 그 냇물은 노래를 잃어버린다·31 / **07** 진흙 묻은 금수저·34 / **08** 역경이 발전의 원동력이다·37

**제2장 | 가정은 행복의 저수지**

**01** 가정은 행복의 저수지이다·42 / **02** 어머니의 마음은 어미 새의 마음이다·45 / **03** '엄마'는 사랑이다·48 / **04** 훌륭한 인물 뒤에는 훌륭한 어머니가 있다·51 / **05** 주이시 맘, 코리안 맘·54 / **06** 4차 산업혁명 시대의 자녀 교육·57 / **07** 가족의 건강과 안전을 지키는 '가정 RBPS'·62 / **08** 행복으로 가는 가장 쉽고 빠른 길, 정리 정돈·65 / **09** 아내를 성모처럼 대하라·67 / **10** 좋은 담이 좋은 이웃을 만든다·70 / **11** 상트페테르부르크의 추억·72 / **12** 흑해, 크림반도 가족 여행·75 / **13** 볼수록 아름다운 밴프의 절경·78 / **14** 지상낙원을 꿈꾸며 살아가는 피지 사람들·81 / **15** 행복은 가까운 곳에 있다·84 / **16** 행복도 훈련이 필요하다·87

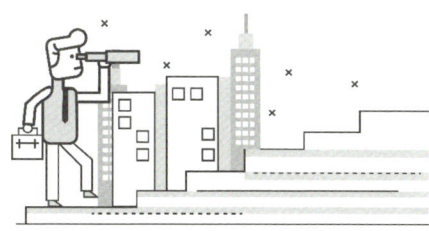

## 제3장 좋은 성공 습관들

**01** 우리의 삶은 습관이다·92 / **02** 성공은 습관 덩어리이다·95 / **03** 작게 시작하는 습관의 힘·98 / **04** 행운을 부르는 좋은 습관·101 / **05** 만들 때 제대로 만드는 습관·104 / **06** 즉실천(卽實踐) 성공 습관·107 / **07** 직장 삼락(職場三樂)·110 / **08** 말이 곧 그 사람의 인격이다·113 / **09** 몸이 자산이다·116 / **10** 행복으로 가는 2개의 골방·119 / **11** 거인의 어깨 위에 선 난쟁이의 교훈·122 / **12** 시간이 없어서 못 하는 사람은 시간이 있어도 못 한다·125 / **13** 돈도, 경력도 없는 이들을 위한 성공 비결·128 / **14** 친해지려면 연결 고리를 만들어라·131

## 제4장 혁신은 어디서 오는가?

**01** 창조적인 혁신 아이디어는 어디서 오는가?·136 / **02** 유명한 발명가들은 자연에서 영감을 얻었다·139 / **03** 혁신하려면 놀던 물에서 벗어나라·142 / **04** 벽 문화는 혁신의 사각지대다·145 / **05** 시각화(視覺化)가 사람을 움직인다·148 / **06** 이발소에서 발견한 혁신 아이디어·151 / **07** 시간 활용이 경쟁력이다·154 / **08** 혁신의 도구, 글쓰기·158

## 제5장 나의 퍼스널 브랜드 'RBPS'

**01** 지금은 개인 브랜드 시대·162 / **02** 변화와 혁신의 시대·165 / **03** 제품이 바뀌려면 사람이 바뀌어야 한다·167 / **04** 환경이 바뀌면 사람도 바뀐다·169 / **05** RBPS 경영 혁신 시스템·172 / **06** RBPS 경영 혁신 성공 사례·186 / **07** 기업의 장수 조건은 기업 문화다·190

## 제6장 혁신 성공 리더십

**01** 태양 리더십·194 / **02** 팽이 리더십·197 / **03** 물맴이 리더십·200 / **04** '하자' 리더십·203 / **05** 3현 2원 주의(3現2原主義) 리더십·206 / **06** 솔선수범 리더십·208 / **07** 눈높이 리더십·211 / **08** 리더의 생명은 신뢰다·214 / **09** 소통 능력이 경쟁력이다·217 / **10** 완벽한 악보란 없다·220

## 제7장 환경의 힘

**01** 지구환경을 생각해본다·224 / **02** 플라스틱 쓰레기의 반격·227 / **03** 흙이 살아야 사람이 산다·230 / **04** 환경이 깨끗한 나라가 선진국이다·233 / **05** 쓰레기 버리는 습관·236 / **06** 청소는 수행(修行)이다·239 / **07** 미니멀 라이프(Minimal Life)·242 / **08** 교장 선생님, 쓰레기 여기도 있어요·245 / **09** 캐나다 사람들의 질서 의식·248 / **10** 지구는 인류가 사는 큰 집이다·251 / **11** 행복도 환경이다·254

## 제8장 의미 있는 삶

**01** 가치 있는 삶·258 / **02** 승부는 후반에서 결정된다·261 / **03** 무엇을 남기고 갈 것인가?·264 / **04** 인생길에 정해진 매뉴얼이란 없다·267 / **05** 내일이 있어야 내일이 있다(No my job, No tomorrow)·270 / **06** 도전하는 삶에 늦은 나이란 없다·273 / **07** 바라봄의 법칙·276 / **08** 결국, 꿈은 이루어진다·281 / **09** 의미 있는 삶·284

PART1_ 고난은 성공의 디딤돌이다

01

# 고생으로 시작한
# 어린 시절

"상춘아, 이번 주말에 국어책 좀 빌려줄래?"
"알았어."

나는 초등학교 2학년 때 교과서를 사지 못해서 같은 책상에 앉은 짝의 책을 같이 보며 공부를 했다. 학교 공부는 그런대로 따라갈 수 있었지만, 책이 없으니 숙제를 할 수가 없었다. 그래서 교과서를 만들어서 공부해야겠다는 생각을 했다. 짝에게 부탁을 해서 주말에 책을 빌려서 밤새워 일주일 공부할 분량을 베꼈다. 처음에는 내용만 알 수 있을 정도로 엉성하게 베꼈지만, 시간이 갈수록 숙달이 되어 이제는 삽화까지 그려가며 교과서 원본과 유사할 정도로 책을 만들 수 있었다. 일주일 분량을 정성 들여 자세히 쓰다 보니 자연적으로 예습을 빼먹지 않고 하게 되어 오히려 학교 성적이 올랐다. 덕분에 그해 연말 모의고사에서 전교 1등을 차지해서 표창장을 받기도 했다.

나는 6·25가 나기 몇 해 전 강화도 진달래 축제로 유명한 고려산 밑에서 소농을 하는 가정에서 칠 남매 중 넷째 아들로 태어났다. 6·25 전후 가뭄이 겹쳐서 농사 수확도 안 좋고 특별한 다른 일거리도 없었으니, 아홉 식구가 먹고사는 일이 어려웠다. 제때 학교도 못 들어가고 이듬해야 겨우 초등학교에 입학했다. 초등학교 2학년 때는 책 살 돈이 없어서 교과서를 만들어서 공부해야 했다. 학교에서 돌아오면 해지기 전에 숙제는 생각도 못 했다. 농사일을 돕고, 소 풀을 먹이거나 산에 가서 땔감을 해 와야 했다. 졸업 날은 다가오는데 중학교 진학이 막막했다. 그 당시만 해도 한 반에 중학교에 진학하는 학생은 절반도 안 되었다. 더군다나 그해에 아버님께서 갑자기 돌아가셨다. 형들은 의논 끝에 중학교 보내는 것을 포기하고, 나를 읍내에 있는 공장에 보내기로 결정했다. 육촌 형님이 공장장으로 계시는 남화직물이라는 직물 공장에서 일찍이 일을 배우도록 한 것이다. 그 당시 강화도에는 유명한 심도직물을 포함해서 옷감이나 이불감을 짜는 직물 공장이 많았다. 우리 집에서 공장이 있는 읍내까지는 차로 한 시간 정도 걸리는 거리라서 출퇴근이 어려웠다. 그래서 육촌 형님께 부탁해서 당분간 형님 집에 기숙하기로 했다. 간단한 짐을 싸가지고 집을 나섰다. 당시 내 나이 14세였다. 집을 떠나 처음으로 남의 집에서 잠을 자야 했던 첫날밤은 유난히도 달이 밝았다.

처음 출근하는 날이다. 육촌 형님을 따라 집을 나서 공장으로 향했다. 푸른 작업복으로 갈아입고 형님의 안내를 받아 공장 안으로 들어섰다. 생전 듣지도 보지도 못한 자동화 기계들이 즐비했다. 여공들이 모두 쳐다본다. 어려서 유난히 수줌음을 많이 탔던 나는 얼굴이 빨개져서 시선 둘 곳을 찾을 수가 없었다. 다음 날부터 나에게 주어진 일은 기계마다 다니면서 기름을 주입하는 일이었다. 종일 공장을 순회하면서 100여 대가 넘는 자동화 문직기의 곳곳에 윤활유를 주입해야 했다. 이 공장은 하루에 12시간씩 2교대로 근무를 하고 있었다. 한 달이 지나자 주야간조에 편성되었다. 난생처음 밤을 새우던 날은 참 견디기 힘들었다. 잠을 자지 않고 일한다는 것이 얼마나 어려운지를 처음 체험하는 혹독한 시간이었다. 그날 밤 고향 집과 가족 품이 유난히도 그리웠다. 밤새도록 기름을 주며 정신없이 일하다 보면 옷은 말할 것도 없고 얼굴까지 기름투성이다. 그래도 그때는 그것이 고생인 줄도 모르고 열심히 일했다.

PART 1 _ 고난은 성공의 디딤돌이다

## 02

# 내 인생을 바꾼
# 특별한 만남

공장에 들어가 일하기 시작한 지가 1년이 다 되어 갔다. 내가 착실하게 보였는지 사장님은 가끔 나를 불러서 은행 심부름을 시키곤 했다. 당시만 해도 현금을 직접 가지고 가서 은행에 저금하던 시절이었다. 그날도 읍내에 은행 심부름을 갔다가 은행 앞에서 초등학교 동창인 현석이를 만났다. "현석아, 오랜만이다." 기름투성이 푸른 작업복에 남루한 옷차림으로 반가워 손 내미는 나를 보자마자 현석이는 고개를 돌리고 그냥 가 버렸다. 나는 깔끔한 중학교 교복 차림에 책가방을 들고 걸어가는 현석이의 뒷모습을 바라보며 한참이나 멍하니 서 있었다. 그날따라 가을바람에 뒹구는 낙엽처럼 내 모습이 초라해 보였다. 그날 저녁 집에 돌아와 잠을 이룰 수가 없었다. 어린 마음에 무안을 당해서 분한 생각도 들었지만, 현석이가 쓰고 있는 모자 한가운데서 바짝 반짝 빛나던 중(中) 자 배지가 자꾸 머리에 떠올랐다. 한 번만이라도 써보고 싶었다. 그러던 어느 날 공장 인근에 중학교 과정을 공부하는 야간 고등공민

학교가 있다는 것을 알게 되었다. 찾아가 알아보았더니 오후 5시에 수업을 시작해서 밤 10시에 종료된다고 한다. 사정을 해서 회사 일이 끝나는 8시부터 공부를 하기로 하고 입학을 했다. 교복을 맞추었다. 모자도 샀다. 꿈에 그리던 중학교 모자를 쓰던 날 나는 날듯이 기뻤다. 아침에 교복을 입고 회사에 출근해서 저녁에 다시 교복으로 갈아입고 저녁밥도 못먹고 바로 학교로 향했다. 이렇게 시작한 공부가 내 인생을 바꾸는 계기가 되었다.

지금 와서 생각해보면 그동안 살아오면서 많은 사람을 만나서 도움도 받고 영향도 받았지만, 그중에서 내 인생의 방향을 바꾸어 놓은 가장 소중한 만남은 남화직물과 현석이와의 만남이었다. 어린 나이에 남화직물에서 2년간 일한 경험은 나에게 끈기와 인내를 심어주었고, 회사의 한 간부가 되었을 때 근로자들이 일하면서 겪는 어려움을 이해하는 데 많은 도움이 되었다. 그리고 사장이 되어서도 쉽게 빗자루를 들고 솔선수범할 수 있는 원동력이 되었다. 또한, 어린 시절 은행 앞에서 만나 나에게 충격을 안겨 주었던 현석이가 아니었다면 나는 지금 여기까지 올 수가 없었을 것이다. 그런 면에서 현석이는 나에게 잊을 수 없는 평생 은인이다. 얼마 전 나는 이력서 맨 앞에 경력 하나를 추가했다. '남화직물 공장 공원 2년(14~15세)'라고. 지금까지는 창피해서 입 밖에 내기조차 꺼렸던 나의 숨은 경력이다. 인생은 만남의 연속이다. 이 세상에 태어나서 우리는 부모님을 만나고, 배우자를 만나고, 친구를 만나고, 선생님을 만나고, 책 속의 성인들도 만난다. 누구를 만나 어떤 영향을 받느냐에 따라 인생은 달라진다. 성공하는 사람들의 공통점은 만남 속에서 긍정적인 힘을 발견하고, 그 만남을 창조적으로 만들어가는 사람들이다. 현실이 아무리 어렵고 귀에 들리는 것, 손에 잡히는 것이 없고, 앞길이 칠흑같이 어두워도 긍정적인 생각을 가지고 어려움을 극복해나가면 반드시 축복이 찾아온다. 하나님은 우리에게 선물을 주실 때 항상 문제와 함께 주신다. 문제를 풀고 나면 선물은 더욱 빛을 발한다. 축복은 고통의 열매다. 만남이 사람의 운명을 좌우한다.

PART 1 _ 고난은 성공의 디딤돌이다

## 03
# 마중물 역할을 한 달리기 주특기

남화직물공장에서 일하기 시작한 지가 2년이 지났다. 저축도 좀 해놓았다. 공부를 좀 더 하고 싶었다. 야간 고등공민학교에서 하루에 2시간씩 공부를 하고 있지만, 그 실력으로는 고등학교에 진학하는 것은 하늘의 별 따기였다. 검정고시를 봐서 15과목에 합격해야 고등학교 시험 볼 자격이 주어진다. 장래 문제를 의논할 사람조차 마땅치 않았다. 나를 아껴 주시던 초등학교 체육 선생님을 찾아갔다. 반갑게 맞아 주셨다.

"익수가 웬일이야, 잘 지냈어?"

초등학교 졸업 후 지낸 일을 소상히 말씀드렸다. 그리고 공장 일을 다시 하더라도 중학교 졸업까지는 하고 싶다고 했다. 나는 어려서부터 달리기를 좋아했다. 달리기하면 항상 일등을 했다. 초등학교 때는 내가 다니던 하점국민학교가 일 년에 한 번 열리는 전 강화 육상경기 대회에서 3년 연속 우승을 하는 기록을 세우는 데 기여해서 체육 선생님의 총애를 받았었다. 선생님은 나의 이야기를 다 들으시더니 기다려보라고 말씀하셨다. 며칠 후에 연락이 왔다. 같은 면에 있는 강서중학교를 함께 가보자는 것이다. 당시 강서중학교가 경기도 육상 장려 학교로 지정되어 육상 선수를 모집한다는 것이다. 그래서 육상을 하는 조건으로 중학교 2학년으로 편입학을 하게 되었다. 전교생이 150여 명 정도 되는 아담한 학교였다. 남녀 공학이고, 선생님들도 대부분 타지에서 오신 처녀, 총각 선생님들이 많았다. 초등학교를 졸업하고 공장에 들어가 2년간 일하다가 뒤늦게 중학교에 가게 되니 반 학생들은 대부분 후배고, 동창생들은 대부분 선배가 되어있었다. 오전 수업만 하고 오후에는 육상부에 들어가 운동 연습을 했다. 그래도 신났다. 좋아하는 운동도 하고 공부도 하고, 꿈에 그리던 즐거운 학교생활이 시작된 것이다.

당시 강서중학교 육상부는 강화도에서는 꽤 유명했다. 경기도 체육대회에 나가서 좋은 성적을 거두고 선수들도 많이 배출했다. 나도 단거리 100m 달리기에서 입상을 하기도 했다. 전교 학생 회장도 하고, 여학생들에게 인기도 좋았다. 그때 나는 열심히 운동해서 육상 주특기로 고등학교에 진학하는 것이 꿈이었다. 그러던 어느 날 체육 선생님께서 교무실로 나를 부르셨다. 이제 곧 3학년이 되니 육상부 학생들에 대한 진로와 관련해서 상담을 진행하는 시간이다.

"익수, 요새 공부하랴 운동하랴 힘들지? 이제 3학년이 되면 진학을 생각해야 하는데, 공부할 것인지 운동에 치중할 것인지를 결정해야 돼. 앞으로 진로에 대해서 좀 생각해본 것이 있나?"

"저는 집안 형편상 고등학교를 진학하기가 어렵습니다. 운동을 더욱 열심히 해서 육상 특기 장학생으로 진학하는 것이 유일한 희망입니다."

잠시 머뭇거리던 선생님의 표정이 어설프다.

"익수야, 현재로써는 운동을 열심히 하면 네 희망대로 될 수 있을 것 같은데, 한 가지 걱정되는 것이 있다. 육상 선수가 되려면 키가 최소 170cm 이상은 되어야 하는데, 네 키가 잘 자라지 않아 좀 걱정이 된다."

키가 중학교에 들어갈 때만 해도 반에서 상위였는데, 중간 정도로 밀려났다. 다른 아이들은 한 해에 10cm 이상 자라는데, 나는 5cm밖에 자라지 않는 것 같다. 감수성이 예민한 시기에 선생님으로부터 이런 조언을 듣고 나니 맥이 빠졌다. 다른 모든 것은 다 해내겠다는 의욕을 가지고 있었지만, 키를 크게 하는 것은 내가 노력해서 될 수 있는 일이 아니기 때문이다. 꿈과 희망을 하루아침에 빼앗긴 기분이었다. 운동도, 공부도 열심히 안 하고 풀이 죽어서 몇 달을 왔다 갔다 하다가 3학년이 되었다.

그러던 어느 날 담임 선생님께서 조회시간에 이런 말씀을 하셨다. "여러분 지금부터 선생님 말씀을 잘 들어요, 좋은 소식입니다. 어제 전 강화 인삼조합장이시며 여러분 급우 황경숙 학생 아버님 되시는 황춘식 사장님께서 장학금 제공 의사를 보내오셨어요. 다음 조건에 해당하는 학생 세 명에게 고등학교 입학금과 고등학교 1학년 전 수업료를 제공하신다는 것입니다." 모든 학생의 관심을 집중하기에 충분한 뉴스였다. 그 당시는 나뿐만 아니라 대부분 학생이 겨우 중학교를 진학했고, 가정 형편상 고등학교 가기가 버거운 실정이었기 때문이다. 두 가지 조건은 첫째, 3학년 전체에서 학업성적이 1, 2, 3등 안에 들 것. 둘째, 서울 또는 인천 지역의 중류 이상 고등학교 입학 전형에 합격할 것이었다. 나에게도 새로운 희망이 생겼다. 체육 선생님과 상담 후 좋아하던 운동을 접고 공부에 전념하기로 했다. 그러나 상황은 그렇게 녹록하지 않았다. 그 당시 시골에서는 과외수업은커녕 변변한 수험 준비용 참고서도 사기 어려운 실정이었다. 집에서도 입시 준비에 전념한다는 것은 상상도 못 했다. 학교에서 돌아와 해가 있을 때까지는 농사일을 도와야 했고, 저녁에나 방 한구석에서 호롱불을 켜고 책을 펼 수 있는 환경이었다. 그런 가운데서도 1년 동안 열심히 공부해서 종합 성적 1위를 차지했다. 그래서 장학금 혜택을 받고 서울에 있는 고등학교에 진학하게 되었다. 비록 육상 선수의 꿈은 이루지 못했지만, 육상은 나에게 어려운 고비가 닥쳤을 때 공부를 계속할 수 있도록 마중물 역할을 해주었다.

PART1_ 고난은 성공의 디딤돌이다

04

# 외로울 때
# 친구로 찾아오신 예수님

🖋 1965년 중학교를 졸업하고 처음으로 육지에 발을 디뎠다. 그때는 강화도와 김포를 연결하는 다리가 없었다. 하루에 몇 번씩 운행하는 사람, 차량 이송용 페리가 유일한 교통수단이었다. 겨울철에 바닷물이 얼기라도 하면 교통이 두절되곤 했다. 고등학교 입학시험을 보러 가야 하는데, 어느 고등학교에 지원해야 할지 막막했다. 마침 초등학교 친구 '대훈'이가 다니고 있는 고등학교를 소개받아 시험에 합격하게 되었다. 당시 서울에 연고지라고는 신촌에 살고 계시는 큰누님뿐이었다. 누님 댁에는 조카가 네 명이 있어 방을 따로 차지하기도 어려웠다. 마루 한구석에 조그마한 책상을 하나 놓고 거기서 기거했다. 고등학교 1학년까지는 중학교 졸업 때 받은 장학금으로 근근이 공부할 수 있었다. 교통비를 절약하기 위해 신촌에서 서대문까지 한 시간가량의 거리를 걸어서 통학했다. 2학년이 되면서 등록금 마련할 길이 막막했다. 휴학해야 하는 형편이었다. 어느 날 담임 선생님께서 교무실로 나를 부르셨다. "익

수, 등록금은 언제까지 낼 수 있어?" 한참을 머뭇거리던 나는 "지금으로써는 특별한 대책이 없습니다. 월말까지만 시간을 주십시오. 그때까지 안되면 휴학이라도 하겠습니다." 월말이 다가왔다. 담임 선생님께서 아르바이트 자리를 소개해주셨다. 같은 반 친구 집에 기숙하면서 그 친구 공부를 도와주는 조건이었다. 1학년 성적이 좋았기 때문에 만들어진 자리였다. 2학년이 되면서 입시 준비까지 해야 하니 공부해야 할 과목이 점점 늘어났다. 친구들은 학교에서 늦게까지 공부하고 다시 학원으로 가서 입시 준비를 병행하는데, 나는 학교 수업이 끝나면 바로 집에 와서 친구 공부를 도와주어야 했다. 내 공부할 시간이 부족했다. 학교 성적은 그런대로 유지했지만, 입시를 목표로 하는 모의고사 성적은 점점 떨어졌다. 이러다가는 대학 입시에서 낙방할 것이 불 보듯 뻔했다. 스트레스와 잡념이 생기기 시작했다. 마땅히 의논할 친구도 없었다. 하루에도 몇 번씩 하늘을 쳐다보곤 했다.

그러던 어느 날 학교 수업을 끝내고 해 질 무렵 지친 몸으로 서대문 네거리를 지날 때다. 작은 빌딩 건물 앞에 사람들이 모여있었다. 궁금해서 건물 안으로 들어가보았다. 건물 안에는 많은 사람으로 꽉 차있고, 자리가 모자라서 통로에 접의자를 놓았다. 그래도 못 들어간 사람들을 위해서 현관에 TV를 설치해놓았는데, 길 가던 사람들까지 시청하고 있는 것이다. 도대체 무슨 이야기이길래 저렇게 많은 사람의 관심을 끌고 있는 것일까? 나도 모르게 함께 들어봤다. 젊은 목사님이 쩌렁쩌렁한 목소리로 설교를 하고 있는 것이다. 여기가 바로 여의도로 이전하기 전 순복음 교회 서대문 본당이었고, 설교하고 계셨던 목사님은 30대 후반의 조용기 목사님이셨다. 이 일을 계기로 하나님을 영접하게 되었다. 고등부 교회학교에 참여하면서 좋은 친구들도 만나고, 목사님의 설교를 통해 힘도 얻었다. 조용기 목사님의 설교를 듣노라면 힘이 생겼다. 목사님은 성령을 강조하고 긍정적인 설교를 많이 하시기로 유명하다. "할 수 있거든 이 무슨 말이냐, 믿는 자에게는 능치 못 할 일이 없느니라(누가복음 9장 23절)"란 말씀을 수백 번도 더 들은 것 같다.

예수님을 영접한 후 나의 생활 태도는 완전히 달라졌다. 아무리 외로울 때라도 나는 혼자가 아니라는 것을 깨닫게 되었다. 어려울 때 의논하고 조언을 받을 수 있는 좋은 친구, 예수님이 항상 옆에 계시다는 것을 알게 되었다. 그 후 내가 만난 예수님을 다른 사람들에게 전파하는 일에도 힘썼다. 대학에서는 기독 학생 회장을 하면서 많은 학생에게 예수님을 소개했고, 대우자동차에 입사해서는 기독교 신우회 창설 멤버로 직장 복음화에 힘썼다. 우크라이나 주재 근무 시절, 주변에 교회도 없어 성수주일도 할 수 없는 환경에서도 주일이 되면 식당에서 믿음의 식구들을 모아 성경 공부를 하고, 기도 모임도 만들었다. 결혼을 앞둔 예비 신랑, 신부가 주례를 부탁하러 찾아오면 성경책을 선물로 주고, 결혼 후 한 번만이라도 교회에 출석할 것을 권유하곤 했다. 그 후 하나님은 나에게 많은 은총(favor)을 베풀어주셨고, 지금도 주고 계시다. 어려울 때마다 기도의 응답을 주시고, "항상 기뻐하라. 쉬지 말고 기도하라. 범사에 감사하라."라고 하신 하나님의 뜻대로 살아가는 축복을 주셨다. 하나님의 말씀 속에서 '혁신의 비밀'을 알려 주셔서 이를 통해 보다 나은 세상을 만들어가며 보람된 삶을 살아가는 길도 가르쳐 주셨다.

예수님과의 만남은 내 생에 최고의 창조적인 만남이었다. 예수님을 만난 후에 내 삶이 변했다. 그동안 내게 없는 것을 찾아 고민하던 삶에서 내게 있는 것을 찾으며 살아가는 긍정적인 삶을 살아가게 되었다. 예수님은 심령이 가난할 때, 영혼이 가난한 자에게 찾아오신다. 더 이상 내려갈 때라고는 하나도 없는 처절하게 낮은 가운데 처할 때 찾아오신다. 그럴 때 나에게도 오셨다.

PART 1 _ 고난은 성공의 디딤돌이다

## 05

# 말 한마디가
# 한 사람의 삶을 바꾸기도 한다

📝 1997년 우크라이나 유일의 자동차 회사인 오토자즈-대우에서 공장장으로 일 할 때의 일이다. 당시 대우그룹은 세계 경영의 일환으로 폴란드, 루마니아, 우즈베키스탄, 우크라이나 등 공산주의 몰락 후 몇 년간 폐허 상태로 방치되어있던 현지 공장들을 인수하여 세계 경영의 발판으로 삼겠다는 야심 찬 프로젝트를 추진했다. 그곳은 불과 몇 년 전만 해도 자유진영 사람들의 출입이 불가했던, 공산주의 냄새가 배어있는 구소련의 위성국가였다. 공장 부지가 약 100만 평이나 되는 방대한 규모이고, 종업원 수는 약 2만 명이나 되었다. 그 당시 우리 주재원 선발대는 약 30여 명 정도였는데, 분야별 전문가로 구성된 정예부대였다.

외국에 나가서 새로운 사업장을 개척하려면 이루 말할 수 없는 여러 가지 어려운 일들이 많지만, 그중에서도 가장 어려운 것은 언어 소통 문제이다. 일을 하려면 현지인들과 의사소통이 잘되어야 하는데, 그곳에서는 영어조차 안 통하고 주로 러시아어가 유일한 소통 언어였다. 일을 하기 위해서는 통역사가 반드시 필요했다. 그곳에 도착하자마자 통역사 한 명이 나에게 배정되었다. 20대 초반 되어 보이는 '루소바 이리나', 부드러운 갈색 머리에 초록빛 눈동자, 동양적인 아담한 체구에 청초한 미모, 첫눈에 내 마음을 사로잡았다. 그녀는 출근 첫날 나에게 이력서 한 장을 가져왔다. 나이는 25세, 모스크바대학 영문과를 졸업했고, 부양가족은 홀어머니와 세 살 된 딸, 18세에 결혼해서 23세에 이혼하고 현재는 싱글이라고 적혀있었다. 나중에 알게 되었지만 '이리나'는 어린 나이에 결혼해서 이혼 후 몇 년간 특별한 직업도 없이 홀어머니를 모시고 어린 딸을 키우며 여자로서 감내하기 어려운 삶을 살아가고 있다가, 오토자즈-대우에 취직하게 된 것이다. 어렵게 취직은 했지만, 그 당시 월급이 100불 (약 10만 원) 정도였으니까 생활이 어려운 것은 마찬가지였을 것이다. 남남북녀라는 말이 있듯이 우크라이나에는 동구권에서도 미인이 많기로 유명하다. 특히 20세 전후의 여성들은 꽃처럼 아름답다. 조혼을 많이 하고 이혼율도 매우 높은 데 놀랐다. 많은 여성이 20세 전후 철들기 전에 결혼해서 30세 전후에 대부분 생활고로 이혼하는 경우가 많고, 그 후에는 재혼하거나 독신으로 살아가고 있는 사람들이 많다.

나는 그곳에서 3년 동안 일하면서 많은 고생을 했지만, 색다른 경험도 많이 했다. 공산주의라는 경직되고 획일적인 문화에서 살아온 근로자들을 데리고, 세계시장에 내놓을 수 있는 경쟁력있는 좋은 품질의 자동차를 생산하는 것은 쉬운 일이 아니었다. 이를 위해서는 기술과 시스템의 접목도 중요하지만, 창의력을 발휘할 수 있는 근로자들의 의식 개혁이 관건이었다. 지금 와서 생각해보면 그때 '이리나'의 도움이 없었다면 그 많은 성과를 이루기 어려웠을 것이라는 생각이 든다. '이리나'는 미모 못지않게 유능한 비서였으며, 조력자(Assistant)였다. 내가 그곳에 부임한 지 얼마 후의 일이다. 현지 임원 환갑잔치에 한국인 대표로 축사 의뢰를 받았다. 어떤 내용의 말을 해야 할지도 잘 모르겠고, 통역을 통해 하객들에게 의사 전달이 잘 될 것 같지 않아 걱정스러워서 '이리나'와 의논을 하게 되었다. 그녀는 자기가 원고를 한번 작성해보겠다고 했다. 한참 후에 가져온 원고를 보고 놀랐다. 참으로 훌륭한 내용이었다. 약간의 보완만으로 멋있는 스피치 원고가 되었다. 그리고 스피치 방법까지 귀띔해주었다. "디렉터 한, 그 행사장에는 영어를 알아듣는 사람이 거의 없어요. 적당히 앞 문장만 영어로 시작해주시면 제가 알아서 러시아 말로 하면 돼요." 그날 스피치는 대성공이었다. 스피치가 끝나자 많은 사람이 기립 박수를 보냈다. 이곳에 온 지 얼마 되지 않았는데 어떻게 그렇게 이곳 실정에 맞은 감동적인 축사를 할 수 있느냐는 것이다. 당시 한국 사람들에 대한 인식이 별로 좋지 않았던 현지인들에게 우리를 다시 보게 하는 좋은 계기도 되었다.

그 후로 직원 교육을 할 때나 회의를 할 때도 '이리나'에게 내용을 먼저 숙지토록 하여 효과적으로 소통할 수 있게 했다. 아침이면 요청하지 않았는데도 어제 있었던 현지 임원들의 동향과 회사 일들을 정리해서 브리핑해주었다. 2년 정도의 시간이 흐르니까 현지인 중에 '이리나'가 자동차 제조 과정을 제일 잘 이해하는 엔지니어 수준이 되었다. 귀빈 방문 시 현장을 안내할 때도 그녀의 역할은 빛을 발했다. 그녀의 역할은 한 언어를 다른 언어로 옮기는 기능을 수행하는 다른 통역사들과는 사뭇 달랐다. 시간이 지날수록 회사 일에 즐거움을 느끼면서 사적인 어려움도 조금씩 극복해나가는 모습이 좋아보였다.

어느 날 찌든 삶에 지쳐서 힘들어하는 그녀가 안쓰러운 생각이 들어 잠시 상담 시간을 가졌다. 차를 한잔하면서 인생의 선배로서 평소 마음속에 간직하고 있던 '고통과 축복'에 관한 이야기를 들려주었다.

"고통과 축복은 한 패키지로 온다." '인간은 누구나 살아가면서 크고 작은 고통을 겪게 되는데, 하나님께서는 인간에게 고통을 주시되, 반드시 그 고통을 이길 수 있는 축복과 함께 주신다. 공기의 저항이 없으면 새가 날 수 없고, 물의 저항이 없으면 배가 뜰 수 없듯이, 인생의 고난이 없으면 우리의 삶이 무미건조할지도 모른다. 시험의 목적은 우리의 자질과 인격과 믿음을 검증하는 과정이며, 우리 삶의 질을 깊이 있고 고상한 차원으로 끌어올리는 과정이다. 나에게 고통이 다가오면 좌절하거나 원망하지 말고 이를 잘 극복하면 머지않아 이것에 상응하는 축복이 온다'는 내용을 내가 살아온 경험을 예로 이야기해주었다. 어느 날 보니까 그녀의 책상 앞에 'TROUBLE AND THE GRACE TO BEAR IT COMES IN THE SAME PACKAGE'라는 문구가 붙어 있었다. 아마도 어렵게 살면서 '고통과 축복'에 관한 나의 이야기를 감명 깊게 들었던 모양이다. 그 후 오토자즈-대우는 대우의 많은 투자와 기술의 전수, 인력 훈련을 바탕으로 신차 생산과 함께 눈부신 성장을 하였다. 동구권의 유명한 자동차 제조업체로 명성을 날리게 되었다. 그러나 IMF와 함께 대우그룹이 어려움을 겪게 되면서, 2000년 어느 봄날 우리 팀은 아쉬움을 뒤로 한 채 모든 것을 남겨두고 귀국 길에 올라야 했다. 대우가 철수하게 되면서 30여 명의 현지 통역사들은 또다시 일자리를 잃어야 하는 아픔을 겪게 되었다.

귀국한 지 몇 달 후 '이리나'로부터 메일 한 통이 날라왔다. "안녕하세요? 디렉터 한, 대우 철수 후 오토자즈-대우 공장은 나름대로 잘 운영되고 있습니다. 3년 동안 함께 일하면서 저에게 많은 배움의 기회를 주어서 너무 고마웠습니다. 지금도 저는 언젠가 디렉터 한께서 들려주셨던 '고통과 축복은 한 패키지로 온다'는 말씀을 제 인생의 좌우명으로 삼고 열심히 살아가고 있습니다. 대우 직원들이 철수 후 대부분의 통역사는 회사를 떠나야 했지만, 저는 회사에서 능력을 인정받아 사장 비서실장이 되었습니다. 그리고 당시 디렉터 한의 운전기사였던 '제냐'와 재혼을 하여 행복하게 잘 살고 있습니다." 무엇보다 듣고 싶었던 반가운 소식이었다. 그녀는 그 당시 나와 함께 일하면서 통역일 뿐 아니라 다른 분야에도 실력을 충실히 쌓아서 결국은 그때의 고통을 잘 극복하고 이제 축복의 시간을 맞이하게 된 것이다. 지금까지도 내 머릿속에 비서의 참모습으로 남아있는 예쁘고 똑똑한 여비서 '이리나', 그녀와 나의 만남은 윈-윈의 만남이었고, 아름다운 창조적 만남이었다. 사람이 살다 보면 때로는 가벼운 위로의 말 한마디가 한 사람의 인생을 바꾸어놓기도 한다.

PART1_ 고난은 성공의 디딤돌이다

## 06

# 흐르는 냇물에서 돌들을 치워버리면 그 냇물은 노래를 잃어버린다

 나는 진달래 축제로 유명한 강화도 고려산 밑에서 자라났다. 어릴 적 학교에서 돌아오면 가방을 던져놓곤 집안일을 도와야 했다. 어떤 날은 들판에 나가 소 풀을 먹이고, 어떤 날은 뒷산에 올라가 땔감을 해와야 했다. 나무를 하러 고려산 등성이에 오르면 넓은 하점 벌이 내려다보이고, 맑은 날이면 멀리 서해와 작은 섬들도 보인다. 고려산은 그리 높은 산은 아니지만, 산세가 좋고 나무가 그득해 계곡에서 동네로 흘러내려오는 개울에는 사계절 물이 마르지 않는다. 한여름 비지땀을 흘리며 땔감을 한 지게 해놓곤, 하산하기 전에 시원한 계곡물에 입을 대고 꿀꺽꿀꺽 물을 마시고 세수를 하고 나면 바람도 시원하다. 해가 중천에 있는 날은 계곡에서 가재를 잡으며 잠시 놀기도 했다. 가재는 돌 틈에서 놀다가 인기척이 나면 슬금슬금 돌 밑으로 숨어버린다. 가재를 잡으려면 돌을 살그머니 치운 다음 도망가기 전에 잽싸게 잡아야 한다. 가재를 잡으려고 돌을 치워버리면 졸졸 흐르는 시냇물 소리가 사라진다.

시냇물 소리는 돌 틈 사이로 물이 흐르면서 돌들과 부딪치면서 생기는 소리다. 서양 속담에 "흐르는 냇물에서 돌들을 치워버리면 그 냇물은 노래를 잃어버린다."라는 말이 있다. 이 말의 의미는 흘러가는 시냇물의 아름다운 소리는 곳곳에 박혀 물의 흐름을 방해하는 돌들 때문에 생긴다는 뜻이다. 우리 인생도 마찬가지인 것 같다. 누구나 살아가면서 많은 어려움을 겪게 되지만, 지나고 보면 그것들을 극복해가는 과정이 즐거움이었던 것 같다.

　카프만 부인이 쓴 『광야의 샘』이라는 책에 다음과 같은 짤막한 이야기가 있다. 한 번은 카프만 부인이 테이블 위에다 누에고치를 놓고, 거기서 나비들이 동그랗게 구멍을 뚫고 나오는 것을 관찰했다. 고치 속에 있는 나비가 동그랗게 구멍을 뚫고 나오는데, 구멍은 좁고 나비의 덩치는 크니까 그 구멍으로 빠져나오는 데 무척 힘든 모습을 보았다. 그래서 한 나비가 고치 구멍을 빠져나오려 할 때 부인은 조그만 가위를 가지고 있다가 고치 구멍을 찢어서 넓게 만들어 주었다. 그랬더니 그 나비가 금방 나와서 윤도 나고 덩치도 크고 해서 좋아했다. 얼마 후 다른 나비들이 고치에서 나와 날기 시작했다. 그런데 좁은 구멍으로 힘들게 나온 나비들은 훨훨 잘도 날아가는데, 구멍을 넓게 뚫어주어 나온 그 나비는 날지 못하고 안타깝게 날개만 파닥거리고 있는 것이다. 하도 이상해서 자세히 관찰해 보니, 자연적으로 나온 나비들은 좁은 구멍으로 나올 때 날개가 많은 시련을 겪기 때문에 날 수 있는 큰 힘이 생긴다는 것을 깨닫게 되었다.

　산골짜기에서 흐르는 물이 많은 돌부리를 헤치며 아름다운 소리를 내듯이, 우리의 삶 속에서 만나게 되는 많은 변화와 어려움이 우리를 단련시키고 성숙하게 만든다. 계곡에 여러 모양의 돌들은 물이 흐르는 데 방해가 되는 걸림돌로 보이지만, 그 돌들을 치워버리면 냇물은 노래를 잃어버린다. 우리 인생의 흐름에서도 역경과 고난이라는 걸림돌을 모두 치워버리면 다양한 삶의 아름다운 추억을 잊어버린다. 역경을 이겨나가는 데는 어려움이 따르지만 이를 대하는 자세에 따라 삶이 달라질 수 있다. 앞에 놓인 걸림돌들을 거스르지 말고 물 흐르듯 순리대로 잘 헤쳐나가는 것이 삶의 지혜이다.

PART1_ 고난은 성공의 디딤돌이다

## 07

# 진흙 묻은 금수저

✏️ "저는 금수저일까요? 흙수저일까요?" 백강 포럼 조찬 강연회에 참석했다. 원근 각지에서 많은 사람이 모였다. 멀리 정선에서 새벽 3시에 출발했다는 사람도 있고, 대전에서 올라온 사람도 있다. 7시가 되기도 전에 강의장이 꽉 찼다. 배움의 열정을 가진 사람들에게는 시간과 거리가 문제 되지 않는다. 강사는 과거 KBS 메인 뉴스 앵커로 명성을 떨쳤던 신은경 아나운서였다. 이날 강연 제목은 '내 나이가 나를 안아주었다.'이었다. 올해 환갑을 맞았다는데 아직 40대로 보이고, 미모도 여전하다. "공영방송 메인 뉴스 앵커로 12년, 영국으로 유학 가 박사 학위를 받고, 공공 기관 기관장으로, 현재 대학교수로 재직하고 있습니다."라고 자기소개를 한 다음 던진 질문이다. 청중들이 머뭇거리자 신 교수는 이렇게 대답했다. "정답은 '흙 묻은 금수저'입니다." 모두 의아한 표정으로 쳐다봤다. "중학교 2학년 때 아버지가 돌아가셨어요. 대학 입학시험은 1차에 떨어지고 후기 대학에 들어가 열등감에 싸여 대학 생활을 했고, 교사 시험, 기업 입사 시험 모두 떨어졌습니다. 방송국도 세 번

째 가서야 비로소 합격했고, 정치하는 남편 뒷바라지로 갖은 고난과 시련을 다 겪어야 했습니다."라는 설명을 듣고서야 사람들은 고개를 끄덕였다. 강연의 성공 여부는 처음 시작 멘트 90초에 달려있다고 하는데, 이 날 신교수의 자기소개 멘트는 신선했다.

 사람들이 시간을 내서 명사의 강연을 듣고, 여행하고, 책을 읽는 것은 견문을 넓히기 위함이지만, 더욱 소중한 것은 새로운 만남을 통해 자신 속에 숨어 있는 자아를 발견하는 것이다. 그날 강연을 들으면서 나도 다음 강의 때 이런 멘트를 한번 해보면 좋겠다는 생각이 들었다. "저는 금수저일까요? 흙수저일까요?"라고 했을 때 청중들의 대답이 궁금하다. 아마도 질문이 떨어지자마자 "흙수저요!"라고 답할 것 같다. 신 교수는 누가 봐도 이미지가 금수저로 보이지만, 나는 흙수저로 보일 가능성이 크다. 나는 6·25 직전 어려운 시기에 농촌에서 태어났다. 초등학교 6학년 때 아버지께서 돌아가셨다. 어머님 혼자 7남매를 키우셔야 했다. 초등학교 2학년 때는 교과서를 사지 못해 주말에 짝의 책을 빌려다 베껴서 공부를 했다. 운동회 날, 검은 운동화 하나 살 돈이 없어서 맨발로 뛰기도 했다. 중학교에 못 가고 14살에 직물 공장에 들어가 공원으로 2년간 일했다. 이렇게 시작해서 대기업 중역, 중견 기업 사장까지 지냈으니 나는 따지고 보면 '진흙 묻은 금수저'였다.

 요사이 수저 계급론이 유행이다. 좋은 가정환경에서 운 좋게 태어난 사람들을 금수저라고 하고, 가정 형편이 넉넉지 못해 부모로부터 경제적 도움을 전혀 받지 못하는 사람들을 흙수저로 부른다. 개인의 노력이 아니라 부모에게서 물려받은 부에 따라 인간의 계급이 결정되는 사회의 불공평한 면을 꼬집는 신조어다. 사람은 누구나 태어날 때는 금수저다.

어떤 집안에서 태어나든 누구나 금쪽같은 자식이다. 아기가 태어날 때 자기 자식을 흙수저로 여기는 부모는 한 사람도 없다. 단지 주변 여건 때문에 흙이 좀 묻어있을 뿐이다. 오히려 흙수저로 태어나 흙을 닦아내는 과정에서 삶의 진가를 발견하게 되는지도 모른다. 흙을 조금씩 닦을 적마다 금빛이 보인다. 이렇게 공들인 금수저가 더욱 값진 빛을 발한다. 평생을 잘 닦으며 살게 되니 녹도 잘 슬지 않는다. 행복은 소득에 비례하지 않는다. 진정한 행복은 지위나 은행 잔고의 상태에 있지 않고, 마음 상태에 있다. 감사하는 마음, 사랑하는 마음, 어려움을 긍정적으로 잘 헤쳐 나가는 삶의 태도가 행복의 자산이다. 우리는 금수저, 흙수저를 비교하며 살 필요가 없다. 남과 비교하며 사는 삶은 상대적으로 항상 초라해지기 마련이다. 인생에서 좋은 일이 많이 일어나는 사람이 행복하게 사는 것이 아니라, 행복감을 잘 느끼는 사람이 행복한 사람이다. 흙수저로 태어났어도 살아가면서 흙만 잘 닦으면 누구나 빛나는 금수저가 될 수 있다.

PART1_ 고난은 성공의 디딤돌이다

08

# 역경이
# 발전의 원동력이다

2008년 폴란드 주재 근무 시절, 여름휴가를 이용해 아내와 함께 노르웨이 여행을 한 적이 있다. 2주간의 내륙 횡단 자동차 여행이다. 트렁크에 야영 텐트, 취사도구, 스페어타이어 하나를 더 싣고 떠났다. 바르샤바에서 출발해서 폴란드 북쪽 그단스크항까지는 차량으로 이동하고, 노르웨이의 수도 오슬로까지는 크루즈 여행을 했다. 오슬로에서 베르겐, 송네 피오르를 지나 내륙을 횡단하고 스웨덴을 거쳐 스톡홀름항에서 폴란드로 돌아오는, 하루 500km 이상을 운전하는 강행군 여행 코스였다. 숙소는 예약하지 않아도 된다. 운전하고 가다가 배고프면 경치 좋은 곳에서 쉬었다 가고, 하룻밤 쉬고 싶은 곳을 만나면 수소문해서 '히테'라는 숙소를 쉽게 구할 수 있다. 히테는 주로 아름다운 경치의 산자락에 통나무로 지어진 개인 별장 같은 분위기의 숙소다. 취사도 가능하고 호텔처럼 비싸지도 않다. 아침 식사를 마치고 산 중턱의 히테 베란다에 앉아 물안개가 자욱한 산 중턱, 깊은 계곡을 흐르는 피오르를 내려다보며 마시는 모닝커피 한 잔은 천상의 모습이다.

산이 많아 천국이 된 나라 노르웨이, 내륙을 횡단하다 보면 산과 피오르의 연속이다. 산과 산 사이의 V자형의 계곡에 바닷물이 유입되어 형성된 환상적 협곡이 피오르다. 산비탈을 따라 이동하다 보면 터널이 나오고, 터널을 지나면 다시 피오르에서 페리가 기다리고 있다. 시퍼런 물살을 가르며 지나가는 페리에서 바라보는 산악의 모습은 눈앞에 파노라마로 펼쳐지는 풍경 사진 전시장이다. 수려하고 웅장한 산세, 높이 수백 미터에 달하는 산에서 빙하가 녹아 쏟아지는 수많은 폭포, 계곡의 작은 평지에 보이는 특유 건축양식의 짙은 벽돌색 가옥들의 아름다운 모습들은 자연과 어우러져 탄성을 자아내게 한다. 노르웨이를 한마디로 말하면 산과 물로 그득한 나라이다. 1955년도에 개통되었다는 세계에서 가장 길고 오래된 래르달(Laerdal) 터널을 포함해서 터널이 2,500개나 된다. 길이가 200km, 수심이 1,300m나 되는 세계에서 가장 크다는 송네 피오르를 포함해서 수천 개의 크고 작은 피오르가 있다. 1905년 스웨덴으로부터 노르웨이가 독립될 때 스칸디나비아산맥을 중심으로 쓸모없는 산악 지역만 떼어주어 북유럽에서 가장 살기 힘들었던 나라 노르웨이, 면적은 우리나라 남한의 4배 정도 되지만, 인구는 5백만이 조금 넘어 인구 밀도가 낮은 나라다. 국토의 70%가 산악 지역이고, 농사 가능한 땅은 3%에 불과하다. 생존을 위해 거친 북극해를 휘저으며 거친 바다와 산에 기대어 살던 나라, 살아남기 위한 도전 정신이 무서운 바이킹이란 이름을 낳았고, 용맹한 바이킹의 후예답게 남극을 최초로 발견한 아문센, 북극 탐험의 선구자 난센 등의 탐험가를 낳았다. 강대국 스웨덴과 덴마크 틈바구니에서 오랜 세월 설움 받고 살아온 노르웨이가 지금은 인당 국민소득 7만 불이 넘는 세계에서 가장 살기 좋은 복지국가가 되었다.

아름다운 자연을 선물로 받은 두 나라가 있다. 사시사철 따뜻하고 안락한 환경에 먹을 것이 풍부해서 도전을 모르고 사는 피지 사람들, 아름다운 자연환경에서 행복하게 살아가고 있지만, 국민소득은 5,000불에 불과하다. 추운 겨울과 산악 지대의 척박한 땅에서 생존을 위해 개척 정신을 가지고 살아온 노르웨이 사람들은 국민소득 7만 불이 넘는 세계 최고의 복지국가를 건설했다. "역사 발전은 도전에 대한 응전에 있다."라고 한 역사학자 토인비의 말처럼, 모든 발전과 성공은 안락한 환경이 아니라 가혹한 환경을 극복하는 과정에서 만들어진다는 것을 알 수 있다. 잠자는 창조성을 깨우는 것은 역경이다. 발전은 역경을 극복하는 과정에서 생기는 부산물이다.

제2장

가정은
행복의
저수지

PART2_ 가정은 행복의 저수지

## 01
# 가정은
# 행복의 저수지이다

📝 나는 전문 주례사는 아니지만, 지금까지 350회 정도의 주례를 섰다. 조직에서 일하면서 결혼을 앞두고 주례를 구하는 데 어려움이 있는 부하 직원들의 요청을 거절할 수가 없어서 처음 주례를 서기 시작한 것이 40대 중반이었다. 그 후로는 직장 동료의 자녀 결혼 주례를 많이 섰다. 결혼식에서 주례의 역할은 인생의 새 출발을 하는 신랑과 신부에게 그동안의 인생 경험을 바탕으로 행복한 결혼 생활을 위한 덕담을 해주는 것이다. 나는 결혼식 주례 부탁을 받으면 특별한 경우가 아니면 승낙을 하는 편이다. 주례를 서는 것은 영광스러운 일이다. 최소한 평소에 존경하고 인생의 멘토로 생각하는 사람에게 주례를 부탁하는 경우가 많기 때문이다. 그리고 주례를 선 사람은 신랑과 신부가 행복하게 살아가는 모습을 볼 때 가장 보람을 느낀다. 나도 처음 주례를 설 때는 다른 사람의 주례사를 참조해서 좋은 말로 멋있게 하려고 노력했다. 그런데 횟수가 거듭될수록 주례사는 미사여구보다는 진심이 담겨있

어야 한다는 생각이 들었다. 한 번은 주례를 마치고 집으로 돌아오면서 문득 이런 생각이 들었다. 신랑과 신부에게 행복한 가정을 이야기하는 나는 지금 행복하게 살고 있는가? 이렇게 하기를 십수 년, 덕분에 나도 가정의 중요성과 행복에 관한 생각을 더 깊게 하는 계기가 되었다.

가정은 행복의 저수지이다. 저수지에 물이 그득해야 가뭄이 와도 모내기 걱정이 없는 것처럼, 가정에 행복이 차고 넘쳐야 이웃과 사회에 나누어줄 수 있다. 행복한 가정을 만들어가려면 다음 세 가지가 충족되어야 한다고 생각한다. 첫째는 부부가 잘 만나야 한다. 기업의 장래가 직원 채용에 달려있는 것처럼, 부부가 잘 만나는 것은 매우 중요하다. 『채용이 전부다』의 저자 한근태 박사는 조직의 흥망이 채용에 달려있고, 채용 중에서 가장 중요한 채용은 아내의 채용이라고 이야기했다. 일리 있는 말이다. 직원도 한 번 채용하면 교체가 어렵지만, 아내 교체는 더욱 어렵기 때문이다. 둘째는 부부가 서로 다름을 인정하고 존중하며, 상대방을 말로 바꾸려고 하지 말아야 한다. 부부 싸움의 원인은 대부분 상대방을 말로 바꾸려고 하는 데서 생긴다. 상대방의 단점을 찾아내어 바꾸려고 하지 말고, 장점을 발견하여 키워주려고 노력해야 한다. 상대방을 말로 해서 바꾸어놓은 사람은 이 세상에 한 사람도 없다. 셋째는 부부가 공동의 꿈을 가지고 보람 있는 일을 함께하며 살아가야 한다. 가정이 행복해야 사회가 행복해진다. 행복한 가정에서 생활하는 남편, 아내가 사회에 나가서도 행복 에너지를 전파할 수 있다. 행복한 가정에서 자라난 아이들이 커서 행복한 사회를 만들어갈 수 있다. 그래서 조지 버나드 쇼는 "누구든지 국가와 인류에 공헌할 수 있는 가장 위대한 방법은 훌륭한 가정을 만드는 일이다."라고 했다.

가정은 사회의 가장 작고 핵심적인 조직이다. 가정은 남녀, 어린아이, 어른이 조합된 이상적인 조직의 모집단이다. 가정에서 아이들의 인성이 형성된다. 가정은 리더십의 훈련장이다. 가정을 잘 리드하는 사람이 사회 조직도 잘 리드할 수 있다. 그래서 가정을 학교 이전의 작은 학교, 추억의 박물관, 사랑의 공동체라고 부른다. 또한, 가정은 한 폭의 드라마다. 우리 인생 드라마의 본 무대는 가정이다. 가정의 드라마는 대본을 따로 주지 않는다. 서로 다른 환경에서 자란 남녀가 만나, 가정이라는 무대 위에서 연출을 시작한다. 가족 스스로가 행복 드라마를 함께 써내려가는 것이다. 삶이 아무리 어렵더라도 하루하루가 흥미진진한 것은 우리가 써내려가는 드라마 속에 꿈이 있기 때문이다. 우리 사회가 건강하고 행복해지려면 우리의 가정이 행복해져야 한다. 가정은 행복의 저수지이다.

PART 2 _ 가정은 행복의 저수지

02

# 어머니의 마음은
# 어미 새의 마음이다

✎ "어미 새는 새끼를 낳기 위해 높은 곳에 둥지를 튼다. 추운 겨울날이건, 무더운 여름날이건 한결같은 마음으로 정성을 다해 알을 품는다. 오랜 기간을 품은 후에야 알을 깨고 새끼가 태어난다. 아직 나는 법을 모르는 새끼를 위해 어미 새는 수킬로 떨어진 곳까지 가서 먹이를 물어다 준다. 나는 법을 가르치기 위해 한 발짝 떨어진 옆 나뭇가지에 벌레를 물고 앉아 새끼들이 제힘으로 날아올 때까지 기다린다. 스스로 먹이를 구할 만큼 자라고, 나는 연습이 되면 어미 새는 주위를 맴돌며 머뭇거리는 아기 새들을 뒤로하고 멀리멀리 떠나간다. 인격이 없는 새에게도 모성애라는 것이 있는 것이다. 하물며 우리의 어머니는 자식에 대한 사랑이 얼마나 크겠는가? 하늘보다 높은 어머니의 사랑은 가족이라는 둥지를 따뜻하게 품는다. 공부를 위해 한국을 떠나 낯선 이국땅에서 새로운 둥지를 틀고 살아가면서 눈보라가 치고 때로는 외로움과 싸워야 했지만, 어린 새끼들에겐 포근한 어미 새의 품이 있었기에 모든 어려

움도 이겨낼 수 있었다. 우리 가족이 겪었던 어려움과 그 고난을 이겨내는 과정을 나는 어미 새의 모습에서 보았다. 그래서 가족이라는 둥지를 틀고, 어린 새끼들을 위해 목숨을 걸고 자신을 희생하는 어미 새에게서 진한 감동을 느꼈다.

'어미 새'에는 우리 가족의 삶에 대한 애환이 산문과 운문으로 골고루 녹아있다. 산문에서는 현대를 살아가는 가족에 대한 현실적인 묘사를, 운문에는 가족의 소중함에 대한 철학적인 고찰들이 담겨있다. 이 책은 한 어머니가 가족에게 바치는 사랑의 고백이다. 가족은 그 이름만으로도 한없이 아름답고 고귀하다. 이제 어미의 둥지를 떠나 새로운 가정을 이루는 사랑하는 딸에게 앞으로 행복하고 아름다운 가정을 만들어가기를 바라는 마음으로 '어미 새'를 바친다."

딸아이가 유학을 끝내고 한국에 돌아와 결혼하게 되었다. 예식장에서 주례사, 축가가 끝나고 사회자가 멘트를 한다. "하객 여러분, 이제 마지막으로 어머님께서 딸에게 선물을 주는 순서입니다. 오늘의 선물은 '어미 새'라는 책입니다. 이 책은 신부 어머님께서 출가하는 딸을 위해서 오래전부터 준비해온 가족 이야기책입니다. 어미 새가 새끼를 키워 먼 곳으로 떠나보내는 것과 같은 심정으로 준비한 사랑의 선물입니다." 하객들의 마음을 뭉클하게 했다. 자식을 생각하는 모든 부모의 마음은 같기 때문이다. 윗글은 '어미 새'라는 책의 프롤로그에 나오는 내용 일부이다. 이 책은 한 여자가 결혼하고 자식을 낳아 기르면서 기쁠 때나 어려울 때나 가족 간에 서로 주고받은 편지글, 일기, 산문 등 가족의 이야기들을 모아 엮은 책으로, 출가하는 하나뿐인 딸을 위해 준비한 아내의 사랑이 담긴 선물이다. 서로 다른 환경에서 자란 남녀가 만나 부부가 되어, 가정이라는 무대 위에서 연출을 시작한다. 그리고 때가 되면 자녀들이 무대 위에 등장했다가 다시 떠나간다. 결국, 무대 위에 남는 것은 부부뿐이다. 어미 새는 한 번 떠나면 새끼들을 잊고 살지만, 우리네 어머니들은 딸을 출가시킨 후에도 행복하게 살기를 바라는 마음으로 항상 주변을 맴돈다. 이것이 어머니의 가족 사랑이다.

PART 2_ 가정은 행복의 저수지

## 03
## '엄마'는 사랑이다

처녀 시절부터 유난히 아기를 좋아하는 한 여자가 있었다. "엄마, 나 결혼하면 아이를 셋쯤 갖고 싶어. 첫째는 딸, 둘째랑 셋째는 아들이었으면 좋겠어." 20대 중반에 결혼을 했다. 안정된 직장을 가진 남편은 강남의 빌딩 숲 사이로 출퇴근하는 사이, 시간이 지나면서 불안해지기 시작했다. 월세로 신접살림을 시작했는데, 월급을 꼬박 10년은 저축해야 전세라도 갈아탈 수 있다. 아내에게 미안한 마음마저 들기 시작했다. 드디어 남편은 캐나다 이민을 결심했다. 유학 시절부터 학비 마련을 위한 아르바이트로 단련한 태권도에 희망을 걸었다. 맨손으로 캐나다에 도착한 남편은 선배를 통해서 소개받은 한 도장에서 숙식을 하는 조건으로 2년간 열심히 일하다가 드디어 개인 도장을 마련했다. 처음에는 지하에서 2명의 훈련생으로 시작해서 성공의 발판을 마련했다. 생활이 안정되면 아이를 갖기로 했는데, 어느덧 5년이란 세월이 흘렀다. 그런데 막상 아이를 가지려고 하니 아이가 들어서지 않는 것이다. 결국, 결혼한 지 8년이 되어 시험관 아기를 시도해봤지만 두 번이나 실패했다. 부부는 간절한 마음으로 아기를 위해 매일 기도했다. 그러던 어느 날 남편이 뉴욕 출장을 가게 되어 따라갔다 왔는데 생리가 없어 병원을 찾았더니 임신이라는 것이다. 결혼한 지 10년 만에 기적적으로 자연 임신이 된 것이다. 그 기쁨은 이루 말할 수 없었다. 출산 전에 어려운 고비가 몇 번 있었지만, 피부가 유난히 하얗고 잘생긴 아들을 결혼한 지 11년 만에 순산한 것이다. 여자는 아기가 태어난 지 5개월도 되기 전에 친정집을 향해 13시간이라는 장시간의 한국행 비행기를 탔다. 아마도 하루빨리 부모님께 아기를 자랑하고 싶었을 것이다. 몸무게가 20kg이나 늘고, 골반과 허리가 아파도 아기의 밝은 미소를 보는 순간 모든 피로가 눈 녹듯 사라졌다. 친정집에 와서 몇 달을 지냈다. 아기가 태어난 지 8개월이 되었다. 어느 날 뽕뽕 카를 타고 놀던 아기가 "엄마!" 하고 처음으로 엄마를 불렀다. 당황한 엄마는 잠시 머뭇거리다 그만 울음을 터트리고 말았다. 지켜보던 할아버지와 할머니도 눈시울이 붉어졌다. 엄마 소리를 듣기 위해 11년을 기다린 것이다. 바로 그녀가 하나밖에 없는 우리 딸이다.

 엄마의 어원을 찾아보면 어린아이가 어머니를 부르는 애칭으로 되어 있다. 그러나 엄마라는 말속에는 단어 이상의 고귀한 사랑이 숨어있다. 사람은 어른이 되어서도 엄마를 생각만 해도 가슴이 멘다. 어린 시절 학교에서 돌아와 대문을 열면서 "엄마!" 하고 불렀을 때 엄마가 집에 없으면 맥이 빠졌던 기억이 난다. 돌아가신 어머니가 생각난다. 어머니는 아버지께서 일찍 돌아가셔서 40년간을 홀로 사셨다. 혼자 7남매를 키우느라 온갖 고생을 다 하셨다. 결혼 초기에 한동안 우리 집에 와 계셨을 때의 일이다. "익수야, 나는 소원이 하나 있는데, 툇마루가 넓은 집에서 한 번 살아보는거야." 시골에 사실 때 대청마루가 넓은 집이 부러우셨던 모양이다. 나는 결혼 후 어머니가 80이 넘으셔서야 평수가 넓은 아파트로 이사할 수 있었다. 우리 집에 처음 오시던 날, 방에서 안 주무시고 넓은 마루에서 주무시면서 흐뭇해하시던 모습이 지금도 눈에 선하다. 어머니는 젊으셔서는 고생을 많이 하셨고, 연세가 드시면서 장수하셨지만 홀로 무료하게 보내신 시간이 너무 길었다.

어머니는 자신의 꿈을 포기해가면서까지 아이들과 가족을 위해 평생 모든 사랑과 희생을 아끼지 않는 존재이다. 요즘 평생교육원에 가보면 50대, 60대 아줌마들이 주류를 이룬다. 가족을 위해 젊음을 바쳤던 어머니들이 이제 자녀가 성장한 후 자기만의 꿈을 실현해보고자 모인 사람들이다. 바람직한 현상이다. 엄마도 처음부터 엄마가 아니었다. 사람은 꿈을 이루며 사는 존재이다. 육아로 잃어버린 꿈을 찾아야 한다. 출산의 고통을 이겨낸 엄마들, 그 아름다운 고통을 이겨낸 엄마들은 무엇이라도 해낼 수 있다. 배움에는 나이가 없다. 젊음을 오래도록 유지하는 가장 좋은 비결은 공부하는 것이다. 오늘 저녁 엄마를 꼭 안아드리며 "엄마, 엄마는 젊어서 가지고 있던 꿈이 뭐였어?" 하고 슬쩍 한번 여쭤보는 것은 어떨까? 엄마라는 말속에는 한없는 사랑이 녹아있다.

PART2 _ 가정은 행복의 저수지

04

# 훌륭한 인물 뒤에는
# 훌륭한 어머니가 있다

✐ 미국의 제44대 대통령 버락 오바마는 1961년 케냐 출신의 흑인 아버지와 미국인 백인 어머니 사이에서 태어났다. 다문화 가정에서 자라며 방황하는 청소년기를 보냈다. 1996년 일리노이주 상원 의원 선거에 당선되어 정치에 입문하였고, 2008년 민주당 후보로 출마하여 공화당의 존 매케인 후보에 압승해 제44대 대통령에 당선되었다. 미국 최초의 흑인 대통령이 된 오바마는 핵무기 감축과 중동 평화 회담 재개 등에 힘써 2009년 노벨 평화상을 수상했으며, 8년간의 대통령직에서 물러난 지금도 미국인은 물론 세계인들에게 존경받는 대통령으로 기억되고 있다.

오바마는 부모님이 이혼한 후 재혼한 어머니를 따라 낯선 인도네시아에서 유년기를 보냈다. 학교생활은 낯설었고, 따돌림도 당했었다. 열 살 되던 해에는 외가가 있는 하와이의 명문 사립학교에 입학했지만, 그곳에서도 은근한 인종차별로 방황기를 겪었다. 사춘기의 오바마는 정체성의 혼란을 겪으며, 백인 중심의 미국 사회에서 흑인으로 살아가는 것에 대해 끝없는 고민을 했다. 이 때문에 마약과 술에 빠지기도 했는데, 방황하는 그를 붙잡아준 것은 어머니의 포기하지 않는 가르침이었다. 오바마의 어머니는 인도네시아에 거주할 때도 아들의 미래를 위해 미국에서 교육받기를 원했다. 이 때문에 매일 세 시간 동안 직접 영어를 가르치고, 미국의 또래 아이들이 학교에서 배우는 내용을 가르쳤다. 그리고 열 살이 되던 해에는 미국 아이들 사이에서 공부할 수 있도록 아들을 외가가 있는 하와이로 보냈다. 또한, 아이들이 흑백 혼혈이라는 정체성에 흔들리지 않도록, 끊임없는 격려와 조언으로 자신감을 불어넣어주었다. 인도네시아에 살던 시절, 가난한 사람이 구걸하러 오면 오바마의 어머니는 무엇이든 나누고 배려했다. 이런 어머니를 보며 불우한 환경에서도 오바마는 마음이 따뜻한 아이로 자랄 수 있었다. 컬럼비아대학을 졸업한 후에 뉴욕의 컨설팅 회사를 돌연 그만두고 빈민 봉사를 위해 시카고로 떠났는데, 이 또한 평소에 늘 "관용과 평등을 지키고 혜택받지 못한 사람들 편에 서라."라고 가르친 어머니의 영향이었다.

　이처럼 열정적인 어머니의 교육을 본받아 훌륭한 자녀 교육으로 딸을 하버드대학에 입학시킨 오바마 부부는 어떤 교육 방침으로 자녀를 가르치고 있을까? 첫째, 스스로 하는 힘을 길러준다. 자명종을 맞춰 스스로 기상하고, 옷을 찾아 입고, 침대를 정리하는 등 위험한 일 외에는 부모의 도움 없이 모든 것을 스스로 하게 한다. 둘째, 불평과 말다툼을 하지 않도록 한다. 오바마의 가족은 남을 괴롭히거나 말다툼하는 것이 금지되어있다. 셋째, 자녀들에게 테니스, 피아노, 체조 등 다양한 분야의 기회를 아낌없이 제공하여 자녀들이 좋아하는 것을 찾을 수 있도록 도와준다. 넷째,

매 순간 '할 수 있다', '된다' 등 긍정적인 태도로 최선을 다하라고 가르친다. 다섯째, 계획한 일을 바로 실천하게 한다. 무슨 일이든 다음 날로 미루는 것을 금한다. 여섯째, 자녀들에게 다른 사람의 이야기를 귀담아듣고, 자신뿐만 아니라 다른 사람의 행복을 위해 노력해야 한다고 가르친다. 일곱째, 일기 쓰는 것을 습관화하도록 가르친다. 오바마 대통령은 지금도 일기를 쓰고 있고, 대통령 임기 중에도 일기 쓰기가 생각을 정리하고 감성적인 연설을 할 수 있는 원동력이 되었다고 회상한다. 그는 자서전 서문에서 "어머니는 세상에서 가장 친절하고 너그러운 분이셨다. 나의 장점들은 모두 어머니에게서 받은 것이다."라고 밝혔다. 오바마는 대통령이 된 후에도 양복 색깔이 회색과 검은색, 둘뿐이라고 한다. 대통령 출마를 반대하는 가족에게 대통령이 되더라도 가족과 함께하는 시간을 가지겠다고 한 약속을 지키기 위해, 양복 고르는 데 필요한 시간도 절약하기 위해서라고 한다. 태아가 자라나는 곳은 모체이고, 훌륭한 인물이 자라나는 곳은 가정이다. 아이들은 어머니가 삶의 롤모델이다. 훌륭한 인물 뒤에는 언제나 훌륭한 가정과 훌륭한 어머니가 있다.

PART 2_ 가정은 행복의 저수지

05

# 주이시 맘, 코리안 맘

골프 연습장에 갔다. 앞 타석에서 연습하던 젊은 엄마가 연습 시간이 한참 남았는데도 급히 자리를 뜬다. 연습을 끝내고 휴게실에 갔더니 초등학교 저학년으로 보이는 두 딸과 앉아있다. 아이들은 숙제하고 있고, 엄마는 옆에서 책을 읽고 있다. 한국 엄마들은 아무리 바빠도 자녀 교육이 최우선이다. 세계적으로 자녀 교육에 열정적인 엄마들은 단연 이스라엘 엄마들과 한국 엄마들이다. 그래서 주이시 맘(Jewish Mom), 코리안 맘(Korean Mom)이란 말도 생겨났다. 한국 엄마들은 아이들 학원비와 과외비를 마련하기 위해서라면 파출부, 청소부, 아르바이트도 서슴지 않고, 자녀 교육이라면 기러기 가족도 감수한다. 이스라엘 엄마들은 '엄마는 하나님으로부터 가르침을 위탁받은 가정교사'로 생각하고 어려서부터 자녀 교육에 정성을 쏟는다. 한국과 이스라엘은 교육 외에도 여러 가지 측면에서 닮아있다. 나라와 민족이 수많은 고난과 박해와 침략을 받은 것이 그렇고, 지정학적으로 열강의 틈바구니에 있는 것이 그렇다. 작은 땅과 소수의 인구이면서 단기간에 기적적인 경제성장을 이룬 것도 닮았다. 사람들은 이렇게 된 배경 뒤에는 엄마들의 열성적인 교육열이 있다고 본다. 교육열 하면 한국 엄마들은 유대인 엄마들에게 어떤 면에서도 뒤지지 않는다. 그런데 결과는 사뭇 다르다. 유대인은 통틀어 약 1,700만 명으로 세계 인구의 0.2%에 불과하지만, 정치계, 재계, 학계 말할 것 없이 세계를 움직이는 엄청난 영향력을 가지고 있다. 역대 노벨상 수상자 가운데 유대인의 비율이 30%에 가까우며 미국 아이비리그 명문대 20% 이상의 학생이 유대인이고, 미국 억만장자의 40%가 유대인이다. 이러한 엄청난 힘은 어디서 나오는 것일까? 그것이 교육의 힘이라면 우리와 다른 것은 무엇인가?

첫째, 그들에게는 『탈무드』라는 자녀 교육 지침서가 있다. 『탈무드』는 성경을 기반으로 5천 년이 넘는 오랜 세월에 걸쳐 현인(랍비)들의 말과 글을 모아놓은 지혜서로서 유대인 교육의 중심서이다. 그 속에는 가족, 전쟁, 평화, 죽음, 종교, 행복, 유머 등 모든 삶의 지혜가 담겨있다. 뿌리가 튼튼해야 열매가 튼실한 것처럼 그들은 머리에 지식을 넣기 전에 세 살 때부터 『탈무드』를 가정에서 가르친다. 지혜 위에 지식이 쌓이도록 하는 것이다. 둘째, 질문과 토론을 통한 창의적 교육 방식이다. 모든 교육은 질문과 토론으로 이루어진다. 교사는 주제를 주고 두세 명의 학생이 토론을 벌인다. 가정에서도 마찬가지이다. 부모는 질문하고, 아이들은 대답한다. 만약 교사가 혼자서만 이야기하고 학생들은 말없이 듣고만 있다면 앵무새를 기르는 것과 같다. 다음은 교육 환경이다. 유대인 가정 거실에는 텔레비전 대신 책이 가득 찬 책장과 앉아서 책을 읽고 토론할 수 있는 책상과 의자가 있다. 아이들이 공부할 때는 부모도 함께 책을 읽는다. 우리도 이제 교육이 근본적으로 바뀌어야 한다. 스마트폰 안에 들어있는 지식을 가르치고 외워서 성적을 내는 교육 방법으로는 급변하는 4차 산업혁명 시대를 리드해나갈 수 없다. 창의력을 가진 사람이 세상을 지배하는 시대다. 책이 물고기라면 토론은 낚시 법이다. 책을 많이 읽고, 토론을 통해서 창의력을 키우는 교육이 필요하다. 엄마들은 우리 아이가 남들처럼 잘하는 것보다 남다르게 할 수 있는 것이 무엇인지를 찾아 키워주어야 남보다 앞서갈 수 있는 시대가 오고 있다.

PART2_ 가정은 행복의 저수지

06

# 4차 산업혁명 시대의 자녀 교육

📎 얼마 전 캐나다 밴쿠버에 갔을 때의 일이다. 아들과 며느리가 손자가 다니는 학교에 가서 담임 선생님과 면담을 하고 오더니 입이 함박만해져서 자랑을 늘어놓는다. "아버님, 글쎄 이솔이가 수학 천재래요!" 초등학교 3학년에 다니던 손자가 아빠를 따라 밴쿠버로 간 지 6개월도 채 안 되었을 때였다. 영어로 하는 수업을 따라갈 수 있을까 걱정이 많았는데 잘하고 있다니, 부모의 입장에서는 그보다 더 즐거운 일은 없는 것이다. 나중에 실상을 알고 이해가 되었다. 캐나다 공립학교에서는 초등학생들에게 우리처럼 그렇게 힘들게 공부를 가르치지 않는다. 교과서는 가지고 다니지도 않고, 학교에서 구구단도 가르치지 않는다. 예체능 교육은 주로 학교에서 하고 집에 돌아오면 학원 대신 마음껏 뛰어놀고, 각자가 하고 싶은 취미 활동을 하도록 시간을 준다. 숙제는 주로 부모님이나 친구들과 함께해야 하는 테마 숙제가 많다. 책을 나누어주고 읽은 후 주어진 양식에 그림을 그리고 생각을 쓰도록 한 다음, 교

실 벽에 붙여놓고 각자의 생각을 발표하고 토론한다. 운동장에서 뛰어노는 시간이 많고, 자연 학습이나 견학도 자주 간다. 교실에 가보니 책상도 개별 책상이 아니고 세, 네 명이 원형으로 둘러앉아 토론하기 좋은 조별 책상 구조이다. 등하교 시간에는 부모가 반드시 데리고 가서 담임 선생님 눈도장을 찍어야 한다. 가방은 메고 다니지만, 그 속에는 도시락과 간단한 필기구뿐이다. 초등학교 성적표에는 등수가 표시되어있지 않으며, 과목별 등급과 선생님의 개인 의견이 담긴 평가서가 구체적으로 적혀있다. 수시로 학부모들과의 상담을 통해 아이들의 학업 능력 향상과 성장 과정을 보살핀다. 캐나다 초등학교 교육은 자라나는 아이들의 안전과 건강을 우선시하고, 교과 진도를 통한 주입식 교육이 아니라 토론, 질의 응답, 견학, 그룹 과제 등을 통해 자립심, 창의성, 협동심, 봉사 정신, 사회성을 길러주고, 아이들 각자의 개성을 찾아내어 창의력을 길러주는 교육이다. 그러다 보니 당장은 한국에서 교육받은 아이들이 수학 능력이 앞선다는 것이 이해가 간다.

   4차 산업혁명 시대에 바람직한 교육은 어떤 것일까? 우리는 지금 급변하는 시대에 살고 있다. 지금까지도 변화는 계속되어왔지만, 인터넷과 정보통신기술에 힘입어 변화의 속도가 기하급수적으로 빨라지고 있다. 스마트폰이 우리의 삶을 바꾸어놓은 것처럼, 앞으로 사물 인터넷, 인공지능 로봇, 자율 주행 자동차, 3D 프린팅, 바이오 기술 등이 발전되면서 우리 사회는 급변하게 될 것이며, 일자리와 삶의 가치를 혁명적으로 바꾸어놓을 것이다. 사물 인터넷과 인공지능 기술이 결합한 가상 서비스로 특화되는 4차 산업혁명 시대는 인간, 사물, 공간, 서비스 등 모든 사물을 하나로 연결해 새로운 부가가치를 창출하는 시대가 될 것이다. 지금 초등학생들이 성인이 될 때가 되면 사람이 인공지능 로봇과 함께 일하며 협업하는 시대가 올 것이다. 미래 사회는 사람과의 협동뿐만 아니라 기계와 협동할 줄 아는 창의적인 인재를 필요로 하게 되는 것이다. 이제 단순한 일은 사람보다 기계가 훨씬 더 잘하는 시대가 된다. 이러한 초연결, 초지능 시대에 살아남으려면 사람은 기계를 능가해야 한다. 인간만이 지닌 감성을 바탕으로 복잡한 상황에서 소통하고 연결하고 협동하며, 새로운 세계를 만들어가는 창의력이 있어야 한다. 이러한 시대가 되면 지식만 외우는 공부를 한 사람들은 설 자리를 잃게 될 것이다. 지금은 "교육은 그대의 머릿속에 씨앗을 심어주는 것이 아니라 그대의 씨앗들이 자라게 해주는 것이다."라고 한 칼릴 지브란의 말을 되새겨 볼 때이다.

정보혁명은 지식의 소재와 성격을 바꾸어놓았다. 이제 지식은 학자, 전문가, 장인들의 뇌에서 빠져나와 네트워크 안으로 들어와, 소유의 대상이 아니라 접속의 대상이 되었다. 그리고 정보혁명은 지식의 수명을 단축했다. 지금까지는 대학에서 배운 지식이 짧아도 몇 년은 유용했으나 하루아침에 일반 상식화되는 시대가 되었다. 이런 시대에 우리 부모들은 자라나는 아이들을 어떻게 교육할 것인가가 초유의 관심사가 아닐 수 없다.

프랑스의 철학자 '미셸 세르'는 정보혁명 시대에 사는 젊은이들을 '엄지 세대'라고 이름 지었다. 엄지손가락으로 스마트폰을 작동하여 정보를 찾아 그것에 의존해 사는 세대라는 뜻이다. 그는 "엄지 세대는 두 개의 뇌를 가지고 있다. 하나는 머릿속에 든 뇌이고, 다른 하나는 손에 든 정보기기(스마트폰, PC 등)에 내장된 뇌다. 엄지 세대는 아주 자연스럽게 손에 또 하나의 자기 머리를 들고 다닌다. 그 머리는 거대한 양의 자료를 우리의 머리보다 훨씬 빠르게 처리한다."라고 했다. 만약 두 개의 뇌를 가진 엄지 세대들이 자기 머리에 든 뇌는 비워둔 채 정보기기만을 들고 다닌다면 어떻게 될까? 지식의 노예가 되기에 십상이다. 왜냐하면, 정보와 지식은 어디서든 전송받을 수 있지만, 지혜와 합리적인 판단은 오직 머리 안에 든 뇌에서만 생성되기 때문이다. 지금은 지식보다 지식을 활용해 새로운 지식을 만들어내는 창의적인 사고를 하는 인재가 더욱 요구되는 시대이다. 창의적인 생각은 어떻게 탄생하는가? 로버트 주스 번스타인은 『생각의 탄생』이라는 저서에서 생각을 만들어내는 정신 공간을 혼성 공간(blends)으로 표현했다. 커피집에서 바리스타가 서로 다른 품종의 커피 원두를 섞어 새로운 맛을 창조해내는 것을 블렌딩이라고 하는 것처럼, 우리 뇌는 새로운 생각을 만들어내기 위해 서로 다른 지식과 경험 영역에서 끄집어낸 정보들을 마구 섞어 만나게 해 새로운 개념적 꾸러미(conceptual blending)를 만든다는 것이다.

  김용규 작가는『생각의 시대』라는 저서에서 "이제 우리 아이들은 학자, 전문가, 지도자들이 만들어서 도서관, 강의실, 영화관, 음악당에 쌓아놓은 정보와 지식을 손에 넣어서 다니면 된다. 그리고 머릿속에 든 뇌는 그것들을 꺼내어 새로운 전망과 판단, 그리고 이에 합당한 지식을 만들어낼 생각의 도구에 넣어가지고 다니면 된다. 어떤 지식을 얼마나 갖고 있느냐가 중요한 것이 아니다. 어떻게 격변하는 환경을 꿰뚫을 수 있는 보편적이고 합리적인 새로운 지식을 만들어내는 사고 능력을 확보할 수 있느냐가 중요한 시대가 되었다. 한마디로 지식의 시대는 끝났다. 이제 생각의 시대다."라고 했다. 그리고 자연 관찰 일기 쓰기, 책 읽기와 글쓰기, 동시를 읽고 낭송하고 외우도록 하는 것이나 숫자를 흥미를 가지고 대할 수 있도록 하는 것 등이 아이들의 창의적인 사고 능력을 키우는 데 탁월한 효과가 있다고 말한다.

　세계 경제포럼 보고서에 의하면 현재 7세 이하 어린이가 사회에 나가 직업을 선택할 때가 되면 65%는 현재 없는 직업을 갖게 될 것으로 예측한다. 이제 우리 부모들이 해야 할 일은, 어린 자녀들에게 세상에 널려있는 지식을 주입해서 학교 성적을 올리는 데만 시간을 낭비할 것이 아니라, 정보혁명 시대를 열어갈 새로운 지식을 창조해내는 생각의 도구를 습득하도록 해서, 어려서부터 아이들이 창의적인 인재로 자라나도록 도움을 주어야 할 것이다.

PART2_ 가정은 행복의 저수지

07

# 가족의 건강과
# 안전을 지키는 '가정 RBPS'

📝 새벽에 집에 돌아와 보니 아직도 한밤중이다. 잠자는 아이들의 숨소리만 들린다. 초등학생인 아들딸이 잠자는 모습을 보면서 문득 이런 생각을 했다. 회사 직원들을 위해서는 밤낮 가리지 않고 교육에 열을 올리면서 자녀들을 위해서 지금까지 내가 한 일이 무엇인가? 운동회 날 외에는 아이들 학교에 한 번도 가본 기억이 없다. 부장 시절 참 열심히 일했다. 조직을 혁신하기 위하여는 공감할 수 있는 목표가 있어야 하고, 그 일을 왜 해야 하는지를 기회 있을 때마다 역설하고, 교육·훈련하는 것이 중요하다. 그런데 제조 현장에서는 연속적으로 작업이 이루어지고 있어서 직원들을 모아놓고 교육할 시간을 내기가 힘들다. 유일한 시간이 자동화 설비가 고장 날 때이다. 로봇 등 자동화 설비가 한번 고장 나면 수리하는 데 보통 한두 시간이 걸리는 경우가 많기 때문이다. 그래서 밤낮을 가리지 않고 이 시간을 활용해 교육하곤 했다. 그날도 새벽 2시에 장비가 고장 났다는 연락을 받고 회사에 나가 직원 교육을 하고 집에 돌아오니 새벽 5시다. 그때는 회사 일이 전부였다.

성격이 유난히 깔끔한 아내는 아이들이 커가면서 잔소리가 부쩍 늘었다. "자고 일어나서 침구는 각자 정리했으면 좋겠어. 빨랫감은 각자 세탁기에 넣어야지. 마룻바닥에 물건이 있으면 청소가 힘들잖아. 이놈의 청소는 해도 해도 끝이 없어." 그러다 보니 가족 간에 감정 대립이 잦곤 했다. 잔소리 대부분은 청소, 정리 정돈에 관한 것이었다. 주말에 가족회의를 열었다. 이 문제를 해결하기 위해 회사에서 성공 사례를 만든 RBPS(환경 품질 책임제)를 집에 적용해보기로 했다 (RBPS에 대한 개념은 제5장 참조). 집 안 청소 구역을 할당했다. 부엌은 아내가, 마루는 내가, 방은 각자가 책임지기로 했다. 그리고 처음에는 매일 시간을 정해서 다 함께 청소하고 정리 정돈을 했다. 하루 10분이면 충분하다. 불필요한 물건은 모아서 처분하고 필요한 물건은 자리를 정해서 놓았다. 청소에도 순서와 단계가 있다. 정리, 정돈, 청소, 청결, 생활화가 그것이다. 청소를 시작하기 전에 제일 먼저 해야 할 일이 정리이다. 정리는 필요한 물건과 불필요한 물건을 구분하여 불필요한 것을 없애는 것이다. 정돈은 필요한 물건을 필요한 자리에 놓는 것이다. 청소는 쓰레기나 더러운 것을 깨끗하게 하는 것이고, 청결은 정리, 정돈, 청소 상태를 유지하는 것이다. 생활화는 정리, 정돈, 청소 상태를 항상 유지하도록 습관화하는 것이다. 이것을 청소의 다섯 단계라고 부른다. 몇 개월이 지나자 청소하기 좋은 집안 환경이 되었다. 아침에 일어나 침구는 각자 정리하고 물건을 아무 데나 놓는 버릇도 없어졌다. 대청소가 필요 없을 만큼 집 안이 깨끗해졌다. 처음에는 어색하고 서로 불편해했지만, 아내와 내가 솔선수범하자 아이들도 점차 따라 하기 시작했다. 주말이면 아이들이 좋아하는 외식을 하면서 대화의 시간도 가졌다. 다음은 청소, 정리 정돈의 단계를 지나 개선점을 찾아갔다. 청소하다가 안전사고 위험이 있는 곳이 발견되면 벽에 붙여놓은 환경 관리 구역도에 스티커로 표시하여 개선해나가는, 눈으로 보는 관리를 시작했다.

집은 가족의 안식처이다. 가족의 건강과 안전을 지키려면 집 안이 깨끗해야 한다. 집 안이 깨끗하고 정리 정돈이 잘 되어있으면 실내 미세먼지에 의한 호흡기 질환이나 집 안에서의 안전사고도 예방할 수 있다. 요즘 중국발 미세먼지가 시도 때도 없이 급습하면서 외출을 자제하는 사람들이 많아졌다. 그러나 실외 공기보다 더 중요한 것이 실내 공기이다. 대다수 사람이 하루를 실내에서 보내는 시간이 더 많기 때문이다. 소비자정보원의 조사에 의하면 안전사고의 약 60%가 가정 내 또는 집 주변에서 발생한다고 한다. 특히 영유아나 노약자들은 대부분 시간을 집 안에서 보내기 때문에 가정에서 우발성 사고의 위험에 노출되기 쉽다. 침구나 창문에서 발생하는 낙상 사고, 주방 기구나 열기구에 의한 찰과상이나 화상, 화장실이나 욕실에서 미끄러져서 생기는 사고, 전기용품 사용 부주의에 의한 사고 등 안전사고 위험이 집 안 곳곳에 산재해있다.

청소에는 사람을 변화시키는 힘이 있다. 자칫 가볍게 생각할지 모르는 청소가 기본과 원칙을 지키는 민주 시민으로서의 소양을 쌓게 한다. 청소를 하면 마음도 깨끗해지고, 머리도 깨끗해진다. 아이들에게 열 시간 도덕을 가르치는 것보다 한 시간 함께 청소하는 것이 더 효과적일지도 모른다. "세상을 바꾸고 싶다면, 이불 정리부터 시작하라." 오사마 빈 라덴 제거 작전을 총지휘한 미 해군 대장, 맥 레이븐 제독의 말이다. 사소한 일을 제대로 못 하면 큰일도 제대로 못 한다. 세상을 변화시키는 큰일도 책상 정리, 침대 정리 같은 사소한 일부터 시작되는 것이다. 가정 RBPS는 가족의 건강과 안전을 지켜주고, 아이들에게는 책임 의식과 사회의식을 심어주는 좋은 툴이다.

PART2_ 가정은 행복의 저수지

08

# 행복으로 가는
# 가장 쉽고 빠른 길, 정리 정돈

📎 아내와 함께 강원도로 2박 3일 여행을 떠났다. 아이들이 어렸을 때 자주 찾곤 했던 설악산 오색 약수터 근방에 숙소를 정하고 설악산과 주변을 돌아보기로 한 것이다. 아내는 하룻밤을 자고 나서 집에 갔으면 좋겠다고 했다. 왜 그러냐고 했더니 집이 편하다는 것이다. 결국, 2박을 하긴 했지만, 아내는 여행 가서도 집 생각이 나는 모양이다. 돌아오는 길에 차 안에서 아내에게 물었다.

"당신은 일주일 중 언제가 제일 좋아?"

"응, 나는 쓰레기 버리는 날인 목요일 아침이 제일 기분이 좋아. 그리고 외출했다가 돌아와 현관문을 들어설 때 하고, 집 안 청소할 때야."

의외의 대답이다.

아내가 집에 애착을 갖기 시작한 것은 우리 집에 '환경 품질 책임제(RBPS)'를 적용한 후부터다. 가정 RBPS가 집 안에 정착되면서 집 안이 깨끗해졌다. 오랫동안 사용하지 않는 물건들은 정리하고, 필요한 물건들은 사용하기 편한 장소에 배치했다. 냉장고 속의 식자재도, 신발장에 신발들도 언제나 가지런히 정리 정돈되어있다. 화장실에 수건도 군대 관물대처럼 정리되어있다. 집안이 깨끗해지면서 가족들 건강도 좋아졌고, 자녀들 학교 성적도 오르기 시작했다. 아내의 잔소리도 사라졌다. 아내는 한 달에 한 번 정도는 집 안의 가구 위치를 전체적으로 바꾸곤 한다. 왜냐하면, 소파, 침대, 서랍장 등이 고정 위치에 있으면 그 밑에 먼지가 쌓이기 때문이다. 마루에는 아내가 손수 그린 그림 몇 점 걸려있고, 장식장에는 여행 다녀올 때마다 하나씩 모은 작은 종들과 십자가들이 진열되어있다.

집은 가족의 생활을 담는 공간이다. 휴식 공간이자 언제나 돌아오고 싶은 장소이다. 환경이 사람의 마음에 영향을 준다. 생각과 감정이 환경으로부터 생겨난다. 환경이 편안하면 스트레스도 줄어든다. 정성을 다해 정리 정돈하다 보면 내 주변에서 나에게 유익을 주는 물건들에 대한 애정도 생긴다. 환경을 잘 가꾸는 일은 자신을 아끼는 일이다. 자신이 머무는 공간에 대한 존중은 자기 자신에 대한 존중으로 이어진다. 집이 즐거운 이미지를 가지는 것은 자신을 즐겁게 만드는 것이다. 사람은 자기가 좋아하는 사람, 좋아하는 물건들을 보고 있으면 저절로 기분이 좋아진다. 집안에는 값비싼 물건이 아니라 가족들이 좋아하는 물건으로 채워져야 한다. 사람의 마음과 감정은 환경과 연결되어있다. 주변 환경이 정리 정돈되면 우리의 감정도 정리 정돈된다. 행복으로 가는 가장 **빠른** 길은 눈에 보이는 내 주변부터 좋은 환경으로 만드는 것이다.

PART2 _ 가정은 행복의 저수지

09

# 아내를
# 성모처럼 대하라

📎 2007년 폴란드 바르샤바 주재 근무 당시 아우슈비츠 수용소를 방문한 적이 있다. 아우슈비츠 수용소는 세계 제2차대전 당시 히틀러가 이끄는 나치 독일이 유대인과 나치즘에 반대하는 사람을 포함한 유럽 전역의 전쟁 포로들을 학살하기 위해 만들었던 강제수용소로, 나치가 세운 강제수용소 가운데 최대 규모다. 수용소에 들어서면서 우선 방대한 크기에 놀랐다. 끝이 안 보이는 큰 규모의 공업단지를 연상케 한다. 부지면적이 180만 평에 달하며 철조망 길이만 13km, 철길, 배수로, 하수처리장 등 기반 시설이 갖추어져 있고, 수용소 건물 주변에 있는 살상용 가스실, 화장장 등을 볼 수 있다. 수용소 경비대만 8,000여 명이 되었다니 규모를 짐작할 만하다. 제2차 세계대전이 종료된 1945년까지 약 600만 명 이상이 이곳에서 학살되었고, 그중에 어린아이가 백만여 명이나 포함되어있었다고 하니 끔찍한 일이다. 현재 이곳은 유네스코 세계유산으로 지정되어 박물관과 전시관으로 꾸며져 희생자들의 옷,

신발, 모자 등 유품들과 당시 생생한 모습을 담은 수천 장의 사진들이 전시되어있다. 이 참혹한 역사의 현장을 돌아보기 위해 지금도 해마다 백만 명 이상의 사람들이 이곳을 찾는다고 한다.

수용소 방문을 마치고 돌아오는 버스 안에서 마음이 착잡했다. 수용소 건물과 살상용 가스실, 화장장을 돌아보며 마치 거대한 살인 공장을 본 느낌이었다. 나는 젊은 시절 대우자동차에서 근무할 당시 생산기술팀에 배속되어 공장 레이아웃 업무를 담당한 일이 있다. 당시 처음 입사해서 방대한 공장 부지에 놀랐었다. 사방 1km, 30만 평이 나 되었다. 지금은 생산 설비가 부지 내에 꽉 차 있지만, 당시만 해도 1/4 정도만 건물이 들어서 있었고 나머지는 공터였다. 넓은 부지에 향후 개발될 새로운 차종과 생산량 증가를 고려하여 생산 설비와 부대시설을 어떻게 배치할 것인지를 검토했던 기억이 난다. 아우슈비츠 수용소는 그 큰 부평 공장 면적에 여섯 배나 된다. 사람은 겉으로 보기에는 비슷해보이지만, 그 속에 있는 생각에 따라 나타나는 결과는 하늘과 땅 차이이다. 어떤 사람은 공장 부지를 마련해서 좋은 자동차를 만들어 인류에 공헌하고자 하는 꿈을 가지고 공장을 세웠고, 어떤 사람은 자기의 뜻을 이루기 위해 정적들을 무자비하게 잡아 죽이기 위한 살인 공장을 세웠다. 도대체 히틀러라는 인간은 어떤 사람이길래 이런 어마어마한 학살 계획을 구상하게 된 것일까?

인류학자들은 인간은 개조할 수 있지만, 타고난 천성보다 자라나는 환경이 더 중요하다고 이야기한다. 권력욕을 채우기 위해서 수천만 명의 인명을 살육한 인류 역사상 가장 파괴적인 독재자로 기록되는 두 사람, 히틀러와 스탈린도 어린 시절 정상적인 가정에서 자라나지 못했다. 히틀러는 혼외자 자식으로 태어나 아내와 자식을 때리고 폭언을 일삼는 난폭한 아버지 밑에서 자랐고, 스탈린 역시 술주정뱅이에 폭력을 일삼는 아버지 밑에서 어린 시절을 보냈다.

조던 피터슨이 지은 『12가지 인생의 법칙』이란 책에 "아내를 성모처럼 대하라."라는 구절이 나온다. 아내를 성모처럼 대하면 아내도 세상을 구원해줄 영웅을 낳을 것이다. 아내가 제대로 대우받지 못하면 어떤 아이를 낳겠는가? 한 남자의 아내는 장미와 같다. 만약 남편이 아내를 잘 대하면 아름답게 피어날 것이고, 잘못 대하면 그녀는 시들어 버릴 것이다. 남편이 아내를 진심으로 사랑하면 그녀는 받은 사랑을 되돌리며 남편을 더욱 사랑하고, 자녀를 사랑으로 키울 것이다. 아이들은 어머니를 본보기로 삼아 성장한다. 앞으로의 세상은 새로 태어날 아이들에게 달려있다. 아내를 성모처럼 대하면 아내는 세상을 구원할 아이를 낳아 훌륭하게 키울 것이다.

PART 2 _ 가정은 행복의 저수지

## 10

# 좋은 담이
# 좋은 이웃을 만든다

사무실 환경을 보면 그 회사의 기업 문화를 알 수 있다. 직원들 간에 의사소통이 잘 되는 회사에 가보면 책상 주위에 있는 칸막이 높이부터 낮다. 임원 방의 문은 항상 열려있고, 회의 탁자도 원탁이다. 사무실 문을 개방하는 것은 언제나 들어와도 된다는 뜻이고, 원탁은 대화할 때는 서로 직위를 의식하지 않고 의견을 말해도 된다는 뜻이다. 국경선도 가지가지이다. 세계에서 가장 긴 국경을 가지고 있는 미국과 캐나다 사이에는 국경 검문소가 119개소나 되는데도 국경선에는 별다른 담이 없다. 반면에 멕시코와의 국경선에는 지금도 경계가 삼엄한데, 불법 이민자들의 유입을 막기 위해 장벽(트럼프 장성)을 쌓는 계획을 구상하고 있다. 남북이 대치하고 있는 우리나라의 국경선에는 삼팔선을 중심으로 4km 정도의 공간에 DMZ가 있고, 남북방 한계선에는 높은 철조망과 함께 삼엄한 경계를 서고 있다. 폐쇄된 사회일수록 담이 높다.

담 높이를 보면 이웃 간의 마음 상태를 가늠할 수 있다. 담장은 삶의 범위와 영역을 표시하는 역할을 한다. 한국의 전통 담장은 돌담 또는 토석 담으로 되어있었다. 이웃집의 장독이 보일 정도로, 높지 않아 아낙네들이 빨래를 널면서 서로 쳐다보며 대화를 할 수 있었다. 그러나 세월이 지나면서 언제부터인가 담장의 높이가 부의 상징인 시대가 되었다. 지금도 부촌으로 알려진 서울의 한남동이나 성북동에 가보면 장벽을 연상할 정도로 담장이 높고, 그것도 부족해서 담장 위로 철조망을 설치한 집들을 볼 수 있다. 개방된 사회인 유럽이나 미국의 전형적인 가옥은 대부분 전면에는 담장 대신 잔디가 있고, 뒤편 정원에는 낮은 망이나 나무를 심어 경계선을 나타내고 있다.

지금은 스마트 사회이다. 통합, 융·복합, 통섭(通涉)의 시대이다. 혁신은 소통 문화에서 만들어진다. 폐쇄된 벽 문화, 칸막이 문화에서는 소통과 혁신이 이루어지기 어렵다. 소통을 위해서는 소통 환경부터 만들어야 한다. 우리 몸도 피가 원활히 흐르지 않으면 동맥경화가 생기는 것처럼, 소통이 잘 안 되는 조직은 결국 어려움을 겪게 된다. 이웃 간의 담, 아파트 단지 간의 담, 관공서의 담은 없거나 낮을수록 소통에 도움이 된다. 담 없이도 살 수 있는 사회가 살기 좋은 사회이다.

"좋은 담이 좋은 이웃을 만든다." 미국의 자연시인 프로스트의 시에 나오는 말이다. 내 집의 담이 높으면 다른 사람들이 들여다볼 수 없지만 나도 밖을 내다보기 어렵다. 국가 간의 국경선을 보면 우호 관계를 알 수 있다. 이웃 간의 담 높이를 보면 서로 간의 신뢰 정도를 알 수 있다. 담의 높이에 사람의 마음이 담겨있다. 좋은 담이란 담 높이가 적당한 담이다. 담이 너무 높으면 소통을 막고, 담이 너무 낮으면 경계가 무너질 염려가 있다. 부부지간, 형제지간, 친구지간에도 마음의 담이 너무 높으면 신뢰에 금이 가기 쉽고, 담이 너무 낮으면 프라이버시가 무너지기 쉽다. 가족 간에도 담이 없어야 한다. 좋은 담이 좋은 이웃을 만든다.

PART 2 _ 가 정 은  행 복 의  저 수 지

11

# 상트페테르부르크의
# 추억

사진첩을 정리하다 추억이 담긴 사진 몇 장을 발견했다. 아들이 러시아 주재 근무할 당시 상트페테르부르크를 방문했을 때 찍은 사진이다. 나는 어려서부터 언젠가 이탈리아의 로마를 꼭 한번 가보고 싶었다. 그러다가 1980년대 중반 회사 일로 이탈리아 출장 중, 주말을 이용해 로마를 잠깐 방문했었다. 꿈에 그리던 로마의 건축물들과 박물관 내의 미술품, 조각품들을 돌아보면서 인간의 능력이 과연 어디까지인가를 생각하며 감동을 감추지 못한 적이 있다. 당시 나를 안내하던 현지인 매니저가 놀란 표정을 감추지 못하는 나에게, 세상에 태어나서 로마 외에도 꼭 한번 가보아야 할 두 곳이 있다고 했다. 그게 어디냐고 물었더니 하나는 체코의 프라하이고, 또 하나는 러시아의 상트페테르부르크라고 했다. 당시만 해도 두 곳 모두 소련의 위성국가로 여행이 자유롭지 못한 곳이었다. 그러다가 프라하는 1997년 폴란드 주재 근무 시절 방문할 기회가 있었다. 인터컨티넨탈호텔 주관, 전 유럽 실업인 아마추어 골프 대회가 프라하에서 열리게 되었는데, 골프를 좋아하는 덕분에 폴란드 대표로 출전하게 된 행운을 얻은 것이다. '프라하의 봄'으로 잘 알려진 이 도시는 낭만주의 시대의 고딕 성당들과 바로크 궁전 등 고전적인 건물들이 자연과 잘 어우러진, 도시 전체가 하나의 예술품 같은 아름다운 도시이다. 특히 유럽의 3대 야경으로 알려진 볼타바 강을 중심으로 한 카를교 주변의 밤경치는 보는 사람으로 하여금 좀처럼 자리를 못 뜨게 하는 마력을 가지고 있다.

나는 2009년 9월, 35년간의 직장 생활을 마무리하고 홀가분한 마음으로 아내와 함께 세계 여행 계획을 세웠다. 지금까지의 여행이 바쁜 일상에서 잠시 짬을 내어 돌아보는 관광이었다면, 이번 여행은 일상을 떠나 자유로운 마음으로 미지의 세계를 향해 떠나는 여행이다. 여행지는 주로 평소에 가보기 쉽지 않은 동유럽, 서유럽으로 정했다. 그리고 그 첫 번째 방문지를 그동안 꿈에 그리던 러시아의 상트페테르부르크로 잡았다. 여행 첫날은 모스크바 시내를 구경하고, 다음 날 상트페테르부르크에 도착했다. 상트페테르부르크는 로마나 프라하와는 또 다른 느낌의 아름다운 예술의 도시다. 18세기 약 200년간 러시아 수도였던 상트페테르부르크는 러시아의 서북쪽 네바다 강 하구에 있으며, 자연 섬과 운하로 형성된 유럽의 베네치아라고 불리는 아름다운 도시다. 이 도시에는 약 250개의 박물관과 50여 개의 극장, 그리고 80여 개의 미술관이 있다. 러시아인의 예술 자존심을 이곳에 온전히 남겼다고 할 만큼 도시 전체가 예술 조각품이라는 느낌이 든다. 그중에서도 세계 3대 박물관 중의 하나인 에르미타쥐 박물관과 세계에서 세 번째로 크다는 이사크 성당, 그리고 푸시킨 시에 있는 예카테리나 궁전 등이 매우 인상적이다. 에르미타쥐 박물관에는 1,057개의 방이 있다. 객실의 길이만 약 27km나 되며, 고흐, 고갱, 피카소, 렘브란트, 모네, 미켈란젤로의 작품 등 수많은 걸작품이 소장되어있는 유럽 문화의 거대한 용광로이다. 에르미타쥐 박물관에는 약 250만여 점의 걸작들이 전시되어있다. 이를 자세히 보려면 5년이 걸린다고 하니 그 규모를 짐작할 수 있다. 주변에는 러시아의 안무가 이바노프가 백조들의 아름다운 날갯짓을 보고 백조의 호수 안무를 완성했다는 아름다운 호수가 있다. 러시아를 대표하는 대문호 푸시킨의 생가도 보인다. 그림이나 글로 묘사하기에는 단어가 부족할 만큼 아름다움과 화려함의 극치를 품고 있는 예술의 도시이다.

"사람을 젊게 만드는 것이 둘이 있다. 하나는 사랑이요, 또 하나는 여행이다."라는 영국 속담이 있다. 사랑하는 사람과 미지의 세계로 여행을 떠나는 것은 가슴 설레는 일이다. 여행하는 것과 책을 읽는 것의 공통점은 무언가 끊임없이 배우고 느끼고, 아름다운 추억을 만들어 삶에 활력을 불어넣는 것이다. 누가 나에게 로마, 프라하, 상트페테르부르크 중 어디를 먼저 보는 것이 좋으냐고 물으면, 나는 서슴지 않고 상트페테르부르크를 먼저 보라고 권하고 싶다.

PART2 _ 가정은 행복의 저수지

## 12

# 흑해, 크림반도 가족 여행

📎 1999년 우크라이나에서 주재 근무할 때의 일이다. 여름휴가를 얻었다. 가족과 함께 여행할 수 있는 절호의 기회였다. 우크라이나에 머무는 동안 꼭 한번 가보고 싶었던 곳이 있었다. 크림반도다. 우크라이나의 수도 키예프에 사는 가족들을 내가 사는 자포로지로 불렀다. 키예프에서 자포로지까지는 기차로 15시간이나 걸린다. 같은 나라에 살면서도 떨어져 있어야 하는 가족과 이곳에 온 지 2년 만에 처음 하는 가족 여행이라 감회가 남달랐다. 흑해 연안 크림반도는 세계 제2차 대전 후 강대국 대표들이 모여 한반도의 운명을 결정했다는 얄타회담 장소가 있는 곳으로도 유명하다.

지도를 펴가며 고속도로라고 부르기에는 비좁은 2차선 도로를 따라 크림반도로 향했다. 달리는 도로 주변에는 가도 가도 끝이 없는 평원이다. 농업 국가라는 말이 실감 난다. 끝이 보이지 않는 밀밭과 해바라기밭, 그리고 유채꽃밭이 장관을 이룬다. 밭의 크기가 보통 몇십만 평, 몇백만 평은 되는 것 같다. 공산주의 시절에 집단농장에서 농사를 지었으니 개인 땅으로 작게 분할할 필요가 없었던 모양이다. 자포로지를 출발해서 멜리토플, 장고이를 지나 7시간가량을 달려 크림반도에 다다르니 장엄한 흑해가 눈앞에 펼쳐진다. 얄타 인근에 도착하니 해가 많이 기울어 흑해로 지는 석양이 장관이다. 크림 산맥과 바다와 하늘이 함께 어우러진 한 폭의 수채화다. 그리 넓지 않은 아담한 해변에는 해수욕을 즐기는 사람들로 붐빈다. 흑해가 가장 잘 내려다보이는 언덕에 숙소를 정하고 짐을 풀었다. 흘린 땀과 지친 몸을 짙푸른 흑해에 잠깐 담그고는 숙소로 올라오는 언덕, 전망 좋은 레스토랑에서 우크라이나 전통 음식인 보리쉬 수프와 흑해에서 잡힌 송어 샤실릭을 곁들여 오랜만에 온 가족이 함께 식사를 즐겼다. 다음 날 아침, 역사의 현장인 얄타회담 장소를 찾았다. 언덕을 따라 올라가 회담 장소였던 리바디아 궁전(Livadia Palace)에 도착했다. 1945년 2월 스탈린 소련 원수, 루스벨트 미국 대통령, 처칠 영국 총리가 앉아서 회담하던 의자와 원탁 테이블 위에는 명패가 그대로 놓여있다. 흑해의 푸른 바다와 깎아지른 절벽 꼭대기에 세워진, 동서 문명의 만남이 내려다보이는 이곳에서 동유럽과 한반도의 운명이 강대국의 의도대로 좌우됐다니 감회가 남다르다. 오후에는 크림반도 흑해 연안을 돌아보며 수많은 갈매기 떼와 낚시를 즐기는 사람들과 어우러져 드넓고 검푸른 흑해에서 수영을 즐기며 휴식의 시간을 가졌다. 우리 가족은 다음 날 아침 일찍이 숙소에서 나와 흑해로 둘러싸인 크림반도 주변에 있는 성당들과 제비 둥지를 둘러보고 다시 우크라이나 본토로 차를 돌렸다.

지금 크림반도는 우크라이나 영토가 아니다. 2013년 우크라이나에 친러시아 정부가 들어서면서 내정이 불안한 틈을 타, 크림반도 자치공화국의 친러시아 총리인 세르게이 악쇼노프가 러시아에 군사적 지원 요청을 하면서, 세바스토폴 항에 진주해있던 흑해함대를 앞세워 러시아 병력이 크림반도에 들어가게 되었고, 주민 투표를 유도, 러시아에 귀속 결정이 내려지게 된 것이다.

러시아는 크림반도의 군대나 주민들의 큰 저항 없이 크림반도를 점령했지만, 전쟁은 오히려 우크라이나에 반러시아 감정을 부추겼고, 동맹국을 불구대천의 원수로 바꿔놓았다. 러시아가 크림반도를 침공했을 때 커다란 저항을 하지 않은 데는 배경이 있다. 우크라이나가 1991년 소련으로부터 독립 후 그동안 크림반도 사람들은 친러시아 성향으로 친유럽 성향의 서부 사람들과 항상 민족 갈등을 안고 살아왔기 때문이다. 크림반도 사태를 보며 도산 안창호 선생의 어록이 생각난다. '무실역행(務實力行)'의 4대 정신을 강조했던 도산은 "민족의 힘을 길러야 한다. 사람은 제 힘만큼밖에 달릴 수 없듯이, 민족도 제 능력만큼밖에 발전할 수 없다. 힘이 있으면 살고, 힘이 없으면 죽는다. 단결의 힘, 도덕의 힘, 지식의 힘, 금전의 힘, 인격의 힘을 길러야 한다." 동서고금의 역사 속에서 알 수 있듯이 힘이 없는 민족은 강대국의 힘에 놀아났다. 힘을 길러야 한다. 힘이 없으면 항상 당하게 되어있다. 우리 민족의 힘을 약화시키는 가장 큰 고질병은 국론 분열이다. 국론 분열을 치유하고 힘을 키운다면 우리 민족은 분명 세계 속에 우뚝 서는 뛰어난 민족이 될 것이다.

PART 2 _ 가정은 행복의 저수지

## 13

# 볼수록 아름다운
# 밴프의 절경

🖊 내가 밴프를 찾은 것은 이번이 세 번째다. 처음 방문은 2009년 겨울이었고, 두 번째가 2016년 봄이었다. 밴프는 언제 봐도 사계절이 모두 아름답다. 밴프는 딸이 사는 캘거리에서 차로 1시간 정도 걸린다. 캘거리는 캐나다 중서부 앨버타 주에 있는 도시로 토론토, 밴쿠버에 이어 캐나다에서 세 번째로 큰, 인구 120만 정도의 도시다. 이곳은 사계절이 있으나 겨울이 긴 편이며, 5월에서 9월까지가 가장 활동하기 좋은 계절이다. 여름에는 한낮 온도가 20~25도로 활동하기 좋고, 겨울은 영하 30도까지 기온이 내려가 춥고 눈이 많이 내린다. 세계에서 가장 공기가 맑아 중국 부호들이 공기 팩을 수입해간다는 청정 도시가 캘거리이다.

캘거리에서 캐나다 로키산맥에 있는 밴프를 향하여 고속도로를 달리다 보면 주변에 병풍처럼 두른 거대한 산맥이 나타난다. 겨울철에는 하얀 눈산이고, 여름이면 거의 밀림 수준의 울창한 숲을 볼 수 있다. 산등

성이는 만년설로 뒤덮인 흰 눈이 있어 거대한 야생의 자연과 빙하를 함께 볼 수 있다. 도로를 주행하다 보면 울창한 소나무 숲과 침엽수림이 보이고, 사슴들이 한가로이 풀을 뜯는 모습이 보인다. 산양이 노니는 모습과 파란 하늘을 활강하는 독수리의 모습도 보인다.

밴프는 캐나다 최초의 국립공원이자 유네스코가 지정한 세계 자연유산으로, 연간 350만 명 이상이 찾는 대표적인 관광지이다. 유럽의 지붕이라고 불리는 스위스의 알프스산맥도 아름답지만, 로키산맥 끝자락의 밴프는 또 다른 매력이 있다. 알프스가 여성적인 매력이 있다면, 깎아지른 절벽과 돌들의 산, 로키(Rocky)는 준엄하고 거대함이 느껴지는 남성미가 넘친다.

밴프 시내에 들어서자 유럽의 산속 마을을 보는 듯한 아담한 소도시가 나타난다. 웅장한 산맥에 둘러싸인 밴프 타운은 크지 않지만 아기자기한 상점, 레스토랑, 카페 등 자연과 잘 어우러진 아름다운 마을이다. 알록달록한 밴프 마을의 건물들, 석양이 지고 멋진 가로등이 들어오기 시작하는 저녁은 더욱 마을의 운치를 더한다.

뭐니 뭐니 해도 밴프 여행의 하이라이트는 바로 세계 10대 절경으로 꼽히는, 눈부시게 아름다운 빅토리아 빙하가 병풍처럼 둘러선 레이크 루이스다. 19세기 영국령 당시 자연의 아름다움에 매료되어 빅토리아 여왕이 루이스 공주의 이름을 따서 호수 이름을 레이크 루이스라고 하였고, 호수를 감싸고 있는 웅장한 설산을 빅토리아산이라고 명명했다고 한다. 청정 대자연이 숨 쉬는 로키산맥 자락, 호수 뒤편을 감싸고 있는 웅장한 빅토리아 빙하와 빼곡히 들어선 침엽수림, 호수가 어우러져 환상적인 자연이 아름다움의 절정을 이룬다. 호숫가의 향기로운 소나무 숲, 사슴들이 풀 뜯는 모습, 회색 곰도 보인다. 밝은 햇살이 비추는 아름다운 빛깔의 호수, 짙은 녹색과 비췻빛의 물결 그리고 호수와 함께 주위를 에워싸고 있는 바위산이 너무나 잘 어울린다. 멀리 하얀 얼음덩어리들로 쌓여있는 산허리에 안개가 드리우면 정말 다른 세상에 와 있다는 느낌이 들게 한다. 에메랄드빛 물속으로 보이는 침엽수의 그림자도 아름답고, 시시각각으로 변하는 뭉게구름은 운치를 더한다. 유명한 화가나 시인들이 이 호수 주변의 정취를 수없이 표현했지만, 자연 그대로를 표현하기에는 물감의 종류가 부족하고, 표현할 단어가 모자랐겠다는 생각이 든다. 고은의 시 「내려갈 때 보았네, 올라갈 때 보지 못한 그 꽃」처럼 일에 쪼들리다 잠시 휴가를 내어 찾았을 때 안 보이던 밴프의 아름다움이, 이제 정년 후 여유를 가지고 와 보니 또 다른 감흥으로 다가온다.

  저녁노을이 산허리에 닿을 무렵, 하이킹 코스에서 내려오다가 산 중턱에 있는 야외 광천 온천에서 하루의 피로를 풀었다. 그리고 사위 덕에 세계 10대 호텔로, 100년 전 캐나다 철도청 사장이 직원들 숙소로 만들었다는, 고성처럼 우아하고 앤티크한 시설로 장식된 고풍이 숨 쉬는 곳, 마릴린 먼로가 『돌아오지 않는 강』 촬영 당시 묵었다는 '밴프 스프링스 호텔'에서 우리 부부는 하룻밤을 묵었다. 이상형의 아름다운 여인이 갑자기 앞에 나타나면 숨이 콱 막히며 말이 안 나오는 것처럼, 아름다운 자연 앞에서 사람들은 누구나 한없이 작아지며 겸손해진다. 자연이 인간에게 가르쳐주는 삶에 대한 보편적 가치를 발견하게 된다. 사람을 즐겁게 하는 것은 감사와 봉사, 그리고 아름다운 추억이다. 그래서 사람들은 기회 있을 때마다 여행을 떠나나 보다.

PART2 _ 가정은 행복의 저수지

## 14
# 지상낙원을 꿈꾸며 살아가는 피지 사람들

아내와 함께 지상낙원이라고 불리는 피지 여행을 다녀왔다. 남태평양의 한가운데 약 330여 개의 크고 작은 섬으로 구성된 섬나라 피지. 우리나라 경상도만 한 크기에 인구는 약 90만 명, 피지 원주민이 50% 정도 되고, 인디언들이 40%, 나머지는 중국인 등 이민족이 어우러져 살고 있다. 인천 공항에서 비행기를 타면 9시간 반 정도 걸린다. 기후는 연평균 기온 25도 정도로 항상 따뜻하지만, 겨울철에 해당하는 5월에서 10월 사이가 여행하기에 가장 적합한 계절이다.

피지 여행의 관문, 나디 국제공항에 내리자 남태평양의 강렬한 햇살과 쾌적한 공기를 바로 느낄 수 있다. 좀 허술하게 느껴지는 공항에 길게 늘어서 입국심사를 하는 동안 피지 전통 의상인 술루를 입고 기타를 치며 환한 모습으로 웰컴 송「불라 말레야」를 우렁차게 부르는 피지 사람들의 모습이 인상적이다. 우리는 공항에서 한 시간 정도 거리에 있는 아름다운 산호섬, 샹그릴라 리조트에 여장을 풀었다. 호텔 입구에서부터 밝은 미소로 "불라(Bula)!"라고 인사를 한다. 이곳 사람들이 만나는 사람마다, 만날 때마다 하는 인사다. 불라는 "안녕하세요, 환영합니다, 좋은 시간 되세요!"라는 뜻이 함축되어있는 인사말이다. 피지를 찾는 사람들은 먼저 자연의 아름다움에 매료된다. 코발트색 하늘에 솜사탕 같은 뭉게구름, 남태평양 에메랄드빛 산호바다, 수평선 너머로 멍석처럼 밀려드는 하얀 파도, 야자수 숲과 잘 어우러져 여기저기에 피어있는 아름다운 열대꽃들, 울창한 숲속에서 평화롭게 지저귀는 새소리, 별이 쏟아질 듯이 가까이 보이는 해변의 밤하늘.

피지는 2014년도 갤럽 조사에서 행복 체감 지수 1위를 차지해 '세상에서 가장 행복한 나라'로 선정된 바 있다. 피지의 인당 국민소득은 5,000불 정도로 잘 사는 나라는 아니다. 도심을 조금 벗어나면 산기슭에 판자촌 같은 집들이 즐비하다. 그런데 그들의 행복 비결은 무엇일까? 운동하러 갔다가 골프장 클럽 하우스에서 매니저로 일하는 루제 타누미(Luse Tanumi)라는 여성과 장시간 이야기할 기회가 있었다. 네 자녀를 둔 아기 엄마다. "피지가 세계에서 가장 행복한 사람들이 사는 나라로 알려져 있는데, 그 비결이 무엇인가요?"라는 질문에 타누미는 이렇게 대답한다. "피지 사람들은 생활신조가 있어요. '서두르지 마라(Don't Hurry)', '걱정하지 마라(Don't Worry)', '행복하게 살아(Be happy)'입니다. 우리 피지 사람들은 스트레스받아가며 열심히 벌어서 저축할 생각은 하지 않습니다. 아름다운 자연과 어우러져 항상 감사하는 마음으로 살며, 즐겁게 일하고 좋은 것이 생기면 그때그때 가족, 이웃들과 나누며 하루하루를 행복하게 사는 것입니다. 인도 사람들은 우리와 좀 달라요. 악착같이 버느라 하루하루를 스트레스 가운데 사는 것 같아서 안쓰러워요." 배고프면 바다에 나가 고기를 잡아먹고 열매를 따 먹으면 된다. 사계절이 따뜻하니 좋은 신발, 좋은 옷도 필요하지 않고, 겨울을 나기 위해 곳간에 식량을 비축할 필요도 없다는 것이다.

타누미 씨의 이야기를 듣다 보니 성경 구절이 생각났다. "공중의 새를 보라. 심지도 않고 창고에 모아들이지도 아니하되 너희 천부께서 기르시나니 너희는 이것들보다 귀하지 아니하냐.", "너희는 염려를 다 주께 맡기라. 이는 그가 너희를 돌보심이라." 성경 말씀대로 모든 염려를 하나님께 맡기고 하루하루를 감사하는 마음으로 즐겁게 지상천국을 꿈꾸며 행복하게 살아가는 자유로운 영혼들이라는 생각이 들었다. 피지를 여행하는 동안 단 한 번도 싸우거나 화내거나 인상을 찌푸리는 사람을 보지 못했다. 이들은 언제 어디서나 늘 웃고 다닌다. 많은 것을 소유하진 않았지만, 욕심을 부리지 않고, 현재의 삶에 만족하며 즐겁게 살아가는 마음이 부자인 사람들이다.

피지 사람들은 좋은 집, 좋은 차도 없다. 좋은 옷, 좋은 구두, 명품백을 들고 다니는 사람도 없다. 행복을 외부에서 찾지 않고, 자신의 마음속에서 만들어가는 사람들이다. 항상 감사하고 긍정적인 생각으로 세상을 바라보며, 천국의 꿈을 가지고 살아간다. 좋은 일이 생겨서 감사하는 것이 아니고, 감사하면 좋은 일이 생긴다는 믿음을 가지고 살아가는 사람들이다. 피지 사람들의 삶이 답은 아니다. 그러나 이만하면 살만한데도 남들과 비교하고 경쟁하며 스트레스 속에서 하루하루를 불행하게 살아가는 현대인들에게 시사하는 바가 크다. 이들의 생활을 보면서 "행복은 네가 누구인지, 네가 무엇을 가졌는지에 달려있는 것이 아니라, 전적으로 너의 생각하는 것에 달려있다."라는 데일 카네기의 명언이 생각난다.

PART2_ 가정은 행복의 저수지

15

# 행복은
# 가까운 곳에 있다

"여보, 만년필 잉크가 다 떨어져 가네. 주문해야겠어."

"벌써 다 썼어요? 산 지 얼마 안 되는데! 이젠 만년필 그만 쓰고 볼펜으로 써요. 잉크값도 만만치 않아요."

나는 만년필 잉크가 떨어지면 아내에게 구매를 부탁하곤 한다. 내가 만년필을 사용하기 시작한 지는 꽤 오래되었다. 1995년 구소련, 우크라이나 자동차 회사 공장장으로 부임했을 때의 일이다. 부공장장이었던 현지인 예브도키멘코 씨가 나에게 파카 만년필 하나를 선물로 주었다. 나는 그 만년필을 20여 년이 지난 지금도 잉크 카트리지만 교환해서 잘 사용하고 있다. 1990년대 초 한국에서는 사무실에 컴퓨터가 대대적으로 보급되기 시작할 무렵, 우크라이나에서는 컴퓨터 대신 모든 서류를 대부분 수기로 작성하던 시기였다. 그때는 주로 중요한 문서 서명하는 데 만년필을 사용하다가 한국에 돌아와서 글을 쓰는 시간이 많아지면서 만년필 사용 빈도가 늘었다. 나는 글을 쓸 때 소재를 수집하고 생각하는 과정에서는 만년필을 사용하고, 글을 완성할 때는 교정, 수정이 편리한 컴퓨터 자판기를 사용한다. 지금은 집을 나오면서 핸드폰을 놓고 나오면 그냥 가는 경우는 있어도, 메모 수첩이나 만년필을 놓고 나오면 다시 들어가 가지고 나올 만큼 필수품이 되었다.

지금은 디지털 시대 컴퓨터, 핸드폰이 생기면서 아날로그 시대의 상징물이었던 만년필을 사용하는 사람은 그리 많지 않다. 그래도 나는 만년필이 좋다. 아침 일찍 일어나 만년필로 아침 일기를 쓴다. 머리와 마음의 생각이 모여 피가 흐르듯 펜 끝에 전달되어 종이 위에서 한 글자 한 글자 서걱거리는 소리는 영혼의 소리이다. 만년필은 글을 쓰는 단순한 도구일지 모르나 볼펜이나 컴퓨터 자판기로 쓰는 것과는 사뭇 다른 느낌이다. 손과 머리가 연결되어 마음속 깊은 곳의 울림이 모이는 느낌을 자아낸다. 기도를 컴퓨터로 할 수 없듯이 아무리 디지털 시대, 속도의 시대라고 할지라도 깊은 생각을 모으는 도구로서는 만년필만 한 것이 없다. 만년필은 나의 우직한 친구다. 말은 없어도 항상 나와 함께하며, 내 생각을 남에게 전할 때 충실한 비서 역할을 한다. 만년필은 많은 것을 원하지도 않는다. 잉크만 넣어주면 만족한다. 만년필을 손에 잡기만 해도 기분이 좋다. 내 주변에 만년필만 한 친구 몇만 있어도 행복할 것 같다.

"사람은 행복해지려고 마음먹은 만큼 행복해질 수 있다." 링컨 대통령의 명언이다. 행복 연습은 내 주변에 있는 것으로부터 시작된다. 내 주변에 있는 것들에서 기쁨을 느낄 수 없는 사람은 밖에서도 기쁨을 느끼기 어렵다. 내 주변에 있는 것이 행복 연습의 도구들이다. 나와 가장 가까이 있는 가족들, 책장 속의 책들, 벽에 걸린 한편의 그림, 피아노, 베란다에 놓인 화분, 창밖에서 그림자를 만들어주는 느티나무, 파란 하늘, 모두 기쁨의 대상이다. 작은 기쁨들이 모이면 큰 기쁨이 되고, 작은 행복이 모이면 큰 행복이 된다. 항상 감사와 긍정의 마음으로 나와 가까이 그리고 내 주변에 있는 것부터 하나하나 사랑하는 연습을 하는 것이 행복으로 가는 지름길이다. 나는 만년필을 손에 잡기만 해도 기분이 좋다.

PART 2 _ 가정은 행복의 저수지

## 16
# 행복도 훈련이 필요하다

🖋 유엔 자문기구(SDSN)가 발표한 2016년도 세계 행복 보고서에 따르면 전 세계 157개국 중 가장 행복한 나라는 덴마크이다. 우리나라는 58위로 지난해보다 11단계나 하락했다. 경제적으로 미국이나 독일은 부유하지만 13위, 16위로 나타났다. 이 결과를 보면 행복도가 경제적으로 부유한 것에 비례하지 않는다는 것을 알 수 있다.

덴마크 사람들의 행복 비결은 무엇일까? 덴마크는 북유럽 중에 인구 550만의 작은 나라로 꼽힌다. 땅은 척박하고 직장인은 월급의 절반을 세금으로 내야 한다. 겨울에는 해가 짧아 오후 3시면 벌써 어두워진다. 그나마 낮에도 우중충한 날씨가 일주일에 5~6일씩 계속된다. 덴마크는 국가 청렴도가 높고 직업의 귀천이 없으며 사회보장제도 등이 우리보다 잘 되어있지만, 그들의 행복의 비결은 '다른 사람을 인정하고 존중하는 사회 분위기'라고 한다. 덴마크 사람들은 어려서부터 집과 학교에서 남을 존중해야 하고, 피해를 주면 안 된다고 배운다. 그래서 사회 구성원들

간에 든든한 신뢰의 고리가 저들을 행복하게 만들어준다는 것이다. 우리 사회는 왜 행복하다고 느끼는 사람들이 적을까? 혹 내일 행복해지기 위해 오늘을 불행하게 사는 사람들이 많은 것은 아닌지, 한번 생각해볼 일이다.『런던 타임즈』에서 가장 행복한 사람의 정의를 독자로부터 모집한 적이 있다. 1위에서 4위까지 차지한 행복의 정의는 1위가 모래성을 막 완성한 어린아이, 2위는 아기 목욕을 다 시키고 난 어머니, 3위는 세밀한 공예품 장을 다 짜고 휘파람을 부는 목공, 4위는 어려운 수술에 성공하고 막 한 생명을 구한 의사였다고 한다. 상위에 뽑힌 이 정의를 보면 백만장자나 황제나 귀족이 들어있지 않다. 대 정치가나 인기 있는 직업에 속해있는 사람들도 빠져있다.

   엄청난 학습량과 치열한 경쟁으로 대표되는 하버드대학에서는 2002년부터 행복학 열풍이 불고 있다고 한다. 바로『하버드대 52주 행복 연습』의 저자 탈 벤 샤하르 교수의 '행복학' 강의가 그것이다. 이 책에 들어있는 행복 연습 과목을 보면 감사하는 마음 갖기, 매일 30분 운동하기, 즐기면서 일하기, 내 감정 솔직히 표현하기 등 우리가 일상생활에서 매일매일 접하게 되는 내용이다. 이런 것을 꾸준히 생각하고 연습하다 보면 어느덧 습관처럼 행복이 내 몸에 배게 된다는 것이다. 탈 벤 샤하르 교수는 "행복은 개인의 신분, 사회적 지위, 통장 잔고 등 외부적인 것이 아니라 우리가 사물을 바라보는 관점에 달려있다. 과거와 미래는 존재하는 것이 아니라 '존재했던 것'과 '존재할 가능성이 있는 것'이다. 부모님, 배우자, 자녀, 친구를 소중히 여기고, 호흡할 수 있는 공기와 거리에 활짝 핀 꽃들, 현재 눈앞에 있는 것들을 소중히 여길 수 있을 때 행복은 찾아온다."라고 이야기한다.

사람들은 누구나 행복한 삶을 원한다. 그러나 대부분 행복의 조건을 외부에서 찾는 경우가 많지만, 외부 여건이 조성될 때까지 기다리기에는 우리 인생이 너무 짧다. 행복의 핵심은 자존감이다. 자존감은 자신감과 자아 존중이 통합된 감정이자, 인생은 살만한 가지가 있는 것이라는 확신이다. 행복한 삶을 위해서는 지금 우리 주변에 수없이 존재하고 있는 작은 행복을 무심코 지나쳐버리지 말고, 그때그때 찾아서 누릴 수 있는 훈련과 연습이 필요한 것이다.

PART3 _ 좋은 성공 습관들

## 01
## 우리의 삶은 습관이다

🖋 얼마 전 우리나라 최장수 기업인 동화약품에 특강을 다녀왔다. 동화약품은 1897년 설립된 제약 회사로, 120년의 역사를 가진 우리나라 최장수 기업이다. '젊어서 정당하게 땀 흘려 일하고, 노후에 잘 살아보려는 동화 식구의 회사'라는 인간 행복 경영의 독특한 기업 문화를 가지고 있는 회사다.

윤도준 회장께서 필자의 졸저 『혁신의 비밀』을 읽고 동화 특강에 강사로 불러주신 것이다. 그날 두 시간의 특강 중, 둘째 시간을 시작하면서 서두에 잠깐 골프 이야기를 꺼냈다. "저는 어려서부터 운동을 좋아했는데, 뒤늦게 골프를 시작하고 보니 골프가 사람이 만든 운동 중에 가장 재미있는 발명품인 듯합니다. 저는 자주 필드에 나갈 시간이 없어 거의 독학으로 골프를 배우다시피 했는데 싱글도 하고, 지난가을에는 전 직장 그룹 OB 임원 골프 모임에서 280야드를 날려 롱기스트 상도 받았습니다." 모두 의아한 듯이 쳐다본다. 경영 혁신에 관한 이야기보다 골프 이야기가 훨씬 더 재미있는 모양이다. 임원 한 분이 손을 들더니 "한 가지 질문해도 되겠습니까? 이해가 안 갑니다. 그 연세, 그 키에 280야드라니요, 특별한 비결이라도 있습니까?"

"특별한 비결은 없습니다. 한 가지 있다면, 저는 직장 생활을 하면서 아침에 출근해서 일과 전에 직원들과 아침 청소를 시작한 지가 30년이 되었는데, 아마도 빗자루질을 하면서 옆구리에 골프 근육이라도 생긴 모양입니다(?)."

모두 한바탕 웃었다. 덕분에 그날 저녁 간부 회식 모임에 초대받아 가족 같은 동화약품의 장수 기업 문화를 접했고, 얼마 후에 동화약품 중역 골프 모임에도 초대받아 즐거운 라운딩을 함께하기도 했다.

골프에서 드라이버 거리는 유연성과 근육에 비례한다. 나이가 들면 유연성, 근육 모두 떨어져 거리가 점점 주는 것이 아마추어 골퍼들의 고민거리다. 체력을 유지하기 위하여는 꾸준히 운동해야 하는데, 직장 생활 하는 사람들은 일정한 시간을 내서 운동하기가 쉽지 않다. 필자는 십수 년 전 집 주변이 논밭으로 쌓여있을 당시 김포 장기동으로 이사를 왔다. 당시는 근방에 운동할 만한 곳도 없었다. 할 수 없이 골방에 간단한 운동 기구를 마련했다. 처음에는 가벼운 아령을 하나 사서 아침에 일어나 세수하기 전 몇 번씩 흔들어댔다. 시간이 지나면서 횟수도 조금씩 늘어났고, 가끔 팔굽혀펴기도 시도했다. 얼마 지나자 자연스럽게 어깨와 팔에 근육이 조금씩 생기는 것을 느꼈다. 운동해본 사람은 잘 알겠지만, 근육이 붙으면 왠지 모르게 자신이 해냈다는 기분, 좋은 감정 같은 것을 느끼곤 한다. 헬스용 자전거를 하나 더 샀다. 아침에 일어나면 골방에 들러 20분 정도 가볍게 운동하는 것이 습관처럼 되었다. 처음에는 아령으로 시작한 사소한 운동 습관이 긍정적으로 작용해서 몸무게도 유지되고, 유연성도 좋아졌다.

　미국의 심리학자 윌리엄 제임스는 "우리의 삶은 습관 덩어리이다."라고 했다. 일찍 일어나는 습관, 독서하는 습관, 운동하는 습관, 시간을 잘 지키는 습관, 정리 정돈 잘하는 습관 등 성공 습관은 수없이 많다. 습관을 보면 그 사람의 미래를 예측할 수 있다. 어떤 일을 반복적으로 하면 우리 뇌는 무의식적인 영역으로 넘어가서 일일이 의식적 에너지를 사용하지 않아도 행위의 우선순위를 결정하는 명확한 기준을 만든다고 한다. 누구나 가장 쉽게 위대해지는 비결은 성공 습관을 만드는 일이다. 습관은 반복 보상에 의해서 이루어진다. 통계에 의하면 하나의 습관이 만들어지는 데 약 66일이 걸린다고 한다. 성공적인 삶이란 결국 좋은 습관을 만들어가는 과정이다. 우리의 삶은 결국 습관이다

PART3_ 좋은 성공 습관들

## 02

# 성공은
# 습관 덩어리이다

🖉 어느 날 대학 강단에서 강의 중에 한 학생이 교수님에게 질문했다. "교수님, 어떻게 사는 것이 성공적인 인생을 사는 것인가요?" 당혹스러운 질문에 교수님은 한참을 머뭇거리더니 이렇게 대답했다. "우리의 삶 속에서 한 가지만 놓치지 않는다면 어떻게 살아도 성공한 인생을 사는 것입니다." 당연히 학생은 그 한 가지가 무엇이냐고 물었다. 교수님의 답은 간단했다. "그것은 '자기 자신'입니다." 이 교수님이 바로 미국의 유명한 시인이자 비평가인 반 도렌(Van Doren, Mark) 교수였다. 성공을 한마디로 정의하기란 쉬운 일이 아니다. 사람마다 성공의 기준이 다르기 때문이다. 돈을 벌어서 성공했다고 생각하는 사람도 있겠고, 명예를 얻어서 성공했다고 생각하는 사람도 있을 것이다. 그러나 교수님의 말처럼 그 과정에서 자신을 잃었다면 그것은 진정한 성공이 아닐지도 모른다. 자신의 삶을 사는 것이야말로 성공의 핵심이다.

또한, 랠프 월도 에머슨(Ralph Waldo Emerson)은 진정한 성공을 이렇게 노래했다. "자주 그리고 많이 웃는 것, 현명한 이에게 존경을 받고, 아이들에게서 사랑을 받는 것, 정직한 비평가의 찬사를 듣고 친구의 배반을 참아내는 것, 아름다움을 식별할 줄 알며 다른 사람에게서 최선의 것을 발견하는 것, 건강한 아이를 낳든, 한 뙈기의 정원을 가꾸든, 사회 환경을 개선하든 자기가 태어나기 전보다, 세상을 조금이라도 살기 좋은 곳으로 만들어놓고 떠나는 것, 자신이 한때 이곳에서 살았으므로 해서 단 한 사람의 인생이라도 행복해지는 것, 이것이 진정한 성공이다."

정리하자면 성공이란 자기 자신이 누구인지를 발견하고, 자신이 좋아하는 일을 하면서 남과 비교하며 스트레스받지 않고 건강하고 행복하게 사는 것이다. 그리고 더 나은 세상을 만들어가는데 기여하면서 사는 삶이다.

누구나 원하지만 뜻대로 되지 않는, 성공적인 삶은 어디서 오는가?『습관의 힘』저자 찰스 두히그는 700여 편의 학술 논문과 수많은 연구 자료를 파헤치고, 300여 명의 과학자와 경영자들과의 인터뷰를 통해 성공의 중심에 무엇이 있는지를 찾아냈다. 그것은 바로 습관이었다. 습관은 개인적인 삶을 넘어 조직, 기업, 사회에까지 매우 큰 영향을 끼치고 있다는 것이다. 습관의 원리를 잘 이해하면 좀처럼 변하지 않는 나와 세상을 바꿀 수 있다는 것을 증명해낸 것이다.

성공에는 주로 일정한 패턴이 있는데, 그 패턴이 바로 습관이라는 것이다. 습관은 무의식적이고 반복적으로 하는 행동이나 사고를 의미한다. 자동차를 운전하고, 휴대폰을 들여다보고, 이메일을 체크하고, 커피를 사 마시는 것 같은 많은 일상적 행위들은 우리가 의식적으로 선택하는 행동이 아니라 습관의 산물이라는 것이다. 그리고 습관이 있어서 우리의 뇌는 에너지를 절약할 수 있고, 좀 더 생산적인 일에 머리를 쓸 수 있게 된다는 것이다. 운동하는 습관, 독서하는 습관, 정리 정돈하는 습관, 감사하는 습관, 시간을 지키는 습관 등 하나하나의 습관이 그 자체로는 상대적으로 큰 의미가 없을지 모르지만, 결국에는 건강과 경제적 안정과 행복에 엄청난 영향을 미친다는 것이다. 성공하는 사람은 성공 습관을 가지고 있고, 실패하는 사람은 실패하는 습관을 가지고 있다. 성공한 사람들은 삶 속에서 성공 습관을 하나하나 몸에 익히며 살아가는 사람들이다. 두히그는 성공 습관을 익히는 가장 좋은 방법은, 먼저 중요한 한 가지의 습관을 정해서 실천하는 것이라고 이야기한다. 이것을 '핵심 습관'이라고 했다. 한가지 핵심 습관이 바뀌기 시작하면 다른 습관들도 덩달아 바뀐다는 것이다. 성공적인 삶을 위해서는 성공 습관을 몸에 익혀야 한다. 성공 습관을 몸에 익히면 우리 행동은 무의식적으로 성공의 길로 가게 된다는 것이다. 성공은 습관 덩어리이다.

PART 3 _ 좋은 성공 습관들

03

# 작게 시작하는
# 습관의 힘

🖋 새해를 얼마 남겨두지 않은 겨울이었다. 다른 많은 사람처럼 그는 지난 한 해를 돌아보았고, 별로 이룬 게 없어 낙심하고 있었다. 새해에는 좀 더 잘 살고 싶다는 생각이 들었다. 그중에서도 가장 바랐던 건 멋진 몸을 만드는 것이었다. 하지만 그렇다고 해서 거창한 새해 결심 같은 걸 세울 생각은 없었다. 이미 수년 전부터 그런 결심은 아무 짝에도 소용이 없다는 사실을 깨달았기 때문이다. 누구나 새해 목표를 세우지만, 세우고 포기하고 또 세우는 일이 반복되기가 일쑤다. 그래서 새해 결심이 성공할 가능성은 8%에 불과하다는 통계도 있다.

그는 고등학교 이후로 운동하는 습관을 들이기 위해 무진 애를 썼다. 하지만 40대 중반이 되도록 아무리 노력해도 몸무게만 늘고, 운동은 습관으로 굳어지지 않았다. 대체로 이런 결과는 자신감을 떨어뜨리기 마련이다. 그 역시 해마다 변화하겠다는 의욕은 2주 정도면 감쪽같이 사라졌고, 결국 이런저런 핑계를 대면서 운동을 그만두곤 했다. 올해도 새해에는 뭔가 하고 싶었던 그는 매일 30분 정도 운동하겠다는 결심을 했다. 그리고 해변에서 근육질을 자랑하는 자신의 모습을 상상해보는 등 좋다는 방법이란 방법은 모두 동원했지만, 아무것도 통하지 않았다. 체력은 점점 엉망이 되어갔다. 30분짜리 운동이 마치 에베레스트산처럼 넘기 불가능한 장벽 같아 보였다. 그러던 어느 날 창의적 사고의 문제를 다룬 마이클 미칼코의 책에서 「관념의 가면」이란 창의적인 사고에 관한 글을 읽게 되었다. '관념의 가면'이란 먼저 지금 생각하고 있는 것의 정반대 되는 이미지를 떠올린 다음, 거기서 창의적인 아이디어를 만들어가는 방법이다. 예를 들어 하늘을 찌르듯 높은 마천루를 지어야 한다면 반대로 지하 깊숙이 내려가는 구조물을 지어야 한다고 생각해보는 것이다. 이렇게 하면 원래의 목표로부터 거리를 두면서 다양한 가능성의 한계를 알아봄으로써 창의적 아이디어를 만들어낼 수 있다는 것이다.

그래서 그는 30분짜리 운동에 정반대되는 일이 무엇일까 생각하기 시작했다. 30분이라는 제법 긴 시간 동안 땀을 뻘뻘 흘리며 힘들게 운동하는 대신 팔굽혀펴기를 딱 한 번만 한다면 어떨까? 그저 딱 한 번 만이다. 그래서 그는 그 자리에서 바닥에 엎드려 팔을 한번 굽혔다 폈다. 어깨에서 우두둑하는 소리가 났고, 팔꿈치에는 윤활유라도 칠해야 할 것 같았다. 그리고는 이왕 자세를 취한 김에 몇 번을 더 하고 싶었다. 손을 털고 일어서면서 '그래도 아무것도 하지 않은 것보다는 백배 낫지.'라고 생각했다. 그때 문득 '턱걸이도 딱 한 개만 하면 어떨까?' 하는 생각이 들었다. 그래서 방문 몰딩의 튀어나온 부분을 잡고 매달린 다음 턱걸이 한 개를 했다. 왠지 그냥 내려오기 아쉬워 매달린 김에 몇 개를 더 했다. '흥미롭군. 힘들긴 해. 하지만 생각한 것보단 나은데?' 그 후로 하루에 팔굽혀펴기 겨우 몇 번을 하는 것만으로도 기분이 완전히 달라지고, 더 건강해지고, 근육이 훨씬 잘 잡힌다는 느낌이 들었다. 그 후 그는 매일 운동하는 습관이 생겼다. 시간이 지나면서 운동량이 점점 늘어났고, 어느덧 몸짱이 되어있었다. 작은 습관 전략이 통했던 것이다. 그는 이러한 성공 사례를 블로그에 글을 올리기 시작하면서 글 쓰는 습관도 생겼다. 그가 바로 아마존 베스트셀러 『습관의 재발견』 작가인 스티븐 기즈(Stephen Guise)다.

지킬 수 없는 위대한 목표보다 지킬 수 있는 사소한 행동이 인생을 극적으로 바꾼다. 그의 인생의 기적은 매일 밤 팔굽혀펴기 한 번에서 시작되었다. 모든 기적 같은 변화도 작은 한 걸음에서 시작한다. 새해에 세운 목표가 지금 잘 지켜지고 있는가? 일 년 내내 결심만 하는 사람들에게 필요한 습관 개조 프로젝트! '관념의 가면'을 한번 떠올려보면 어떨지? 수백 권의 자기 계발서를 읽는 것보다 오늘 당장 작게, 사소하게, 가볍게 시작하는 것이 답이다. 습관이 우리 삶을 지배한다. 모든 기적 같은 성공 습관도 작은 한 걸음에서 시작된다.

PART3_ 좋은 성공 습관들

## 04
# 행운을 부르는 좋은 습관

📝 우리는 주변에 일이 잘 풀리는 사람을 흔히 운이 좋다고 이야기한다. 그런데 진짜 운이라는 것이 있을까? 일본에서 '가장 우수한 두뇌의 소유자'라고 불리는 저명한 뇌 과학자 나카노 노부코 박사는 "운이 따로 있는 것이 아니라 운을 내 편으로 만드는 방법이 있다." 라고 이야기한다. 운이 좋다고 하는 것은 운이 따르는 좋은 습관을 훈련시킨 결과이며, 이를 위해서 먼저 뇌 자체를 '운 좋은 뇌'로 만들어야 한다고 이야기한다. 뇌의 상태가 활발할 경우 수많은 정보 가운데 긍정적인 요소를 포착하기 쉽지만, 신경전달물질이 부족한 사람은 주의력이 떨어지므로 행운을 방치할 수 있다는 얘기다. 이처럼 중요한 신경전달물질은 충분한 숙면과 적당한 운동을 통해 활성화된다고 하니, 어쩌면 행운을 불러들이는 첫걸음은 건강한 몸에서부터 출발한다고 할 수 있다. 뇌 과학에서 보는 '운이 좋은 사람'이란 '뇌가 활성화된 사람'이다. 바꿔 말하면, 무의식적으로 자신에게 요긴한 정보를 선택하는 능력이 뛰어난 사

람을 뜻한다.

나카노 박사는 "선천적으로 타고난 뇌를 바꾸는 것은 불가능하지만, 운이 좋은 뇌로 만들 순 있다."라고 말한다. 요컨대 "현재의 자신을 바꾸려 하지 말고, 차라리 지금 자신이 가진 특성을 잘 살리라."라는 조언이다. 행운과 불운은 누구에게나 공평하게 찾아온다. 다만, 운이 좋은 사람은 운을 포착하는 능력이 뛰어나고, 불운을 막는 행동과 사고방식을 갖고 있다는 것이다. 그렇다면 '운을 내 편으로 만드는 습관'은 구체적으로 어떤 것이 있을까?

첫 번째는 바로 '자신을 소중히 여기라'는 것이다. 남의 의견에 휩쓸리지 말고, 자신만의 가치관을 확실히 갖는 것이 중요하다. 인간의 뇌에는 쾌감을 느낄 때 작용하는 보수 회로라는 것이 있는데, 자신에게 기분 좋은 행동을 할 경우 활발해진다. 즉 자신을 좋아하는 사람일수록 마음의 여유가 생겨 행운을 더 쉽게 잡을 수 있다. 자신을 홀대하는 사람은 절대 운이 따르지 않는다는 것이다. 두 번째 습관은 '불안을 느낄 때 도망치지 말고, 제대로 마주하라'는 것이다. 심리학에 '노력 역전의 법칙'이라는 게 있다. '실패하지 않도록 하자'고 무리하면 할수록 실패할 확률이 높아지는 것을 말한다. 이유는 간단하다. '실패하지 않도록'이라고 생각하면서 자신을 자꾸 그 방향으로 몰아가니, 긴장한 나머지 중요 부분을 놓치기 때문이다. 세 번째는 운이 좋은 사람과 어울리라는 것이다. 우리 뇌의 전두부에는 '거울 신경'이라는 신경다발이 있는데, 이로 인해 우리는 웃는 얼굴을 보면 따라 웃게 된다. 만일 곁에 성공한 사람, 혹은 '이 사람처럼 되고 싶다'는 이가 있다면 소지품이나 말투, 좋아하는 음식 등 무엇이라도 좋으니 흉내내보자. 그 사람의 행동 패턴을 닮아가는 중에 뇌의 회로도 비슷해져 가 '이럴 땐 이런 결정을 내리겠지?'라는 것까지 알게 된다. 끝으로 운이 좋은 사람은 뚜렷한 목표와 꿈을 가지고 있으며, 그것이 이뤄진 순간을 머릿속에 그려본다는 공통점이 있다. 자신은 물론 다른 사람의 행복까지 포함된 긍정적인 바람이야말로 행운을 불러들이는 최고의 습관이다.

정리하면, 행운을 불러들이는 좋은 습관이란 몸을 항상 건강한 상태로 유지하는 것이 기본이고, 자신을 소중히 여기며, 불안을 피하지 말고 마주하며, 운이 좋은 사람과 어울리고, 주변의 평판에 휩쓸리지 말며, 긍정적인 생각으로 명확한 목표와 꿈을 가지고 살아가라는 것이다.

PART 3 _ 좋은 성공 습관들

05

# 만들 때
# 제대로 만드는 습관

🖊 시화공단으로 몇 달간 출퇴근한 일이 있다. 외곽 순환도로를 타고 지나다 보면 상습 정체 구간이 나온다. 중동역 부근이다. 여기를 통과하는데 러시아워에는 반 시간 정도는 족히 걸리는 것 같다. 누군가가 한번 잘못 만들어놓은 도로 구조 때문에 하루에도 수만 명의 죄 없는 시민들이 교통체증을 겪고 있다. 시화공단 진입로를 지나다 보면 왕복 6차선 중앙에 화단이 조성되어있고, 가운데 가로수가 심어져 있다. 그런데 비가 오는 날이면 도로 중앙에 있는 화단에서 흙이 흘러내려와 도로를 오염시키고, 이것이 공단 전체를 오염시키는 것을 볼 수 있다. 공단이 조성된 지 30년이 지난 지금까지도 흙은 계속 흘러내리고 있다. 청라 국제도시 입구, 경서동에서 송도 신도시 쪽으로 가는 도로도 마찬가지다. 건설된 지 20년이 지났는데도 도로 가운데 있는 화단에서 흙이 흘러내리고 있다. 도로 중앙 화단 구조가 잘못 조성된 것이다. 화단이 무덤처럼 소복하게 만들어져서 화단과 도로 사이 가이드 블록이 제구

실을 못 하는 것이다. 자세히 살펴보면 이런 구조는 전국 어디서나 쉽게 찾아볼 수 있다. 도로를 청소하는 것도 중요하지만, 만들 때 처음부터 흙이 흘러내리지 않도록 제대로 만들어야 한다. 도시가 깨끗해지려면 도로부터 깨끗해야 한다.

얼마 전 친구들과 차를 타고 서울시청 앞 광장을 지나는데 한 친구가 "서울시청 신청사에 관한 이야기는 여러 번 들었는데, 자세히 보니 이건 주변 환경과 너무 안 어울리네. 자네 생각은 어떤가?" 이곳을 처음 지나는 사람마다 한마디씩 한다. 나중에 들은 이야기지만 이 건물은 건축 전문 잡지 공간(SPACE)이 건축 전문가 100인을 대상으로 한 설문 조사에서 '최악의 한국 현대 건축물 1위'에 뽑혔다고 하니, 처음부터 논란이 되었던 모양이다. 우리 주변에서도 주변 환경과 잘 어울리지 않는 건축물들을 심심치 않게 볼 수 있다. 어떤 이유에서든 외관이 시민들의 눈살을 찌푸리게 하고 몇 년 안 되어 흉물로 전락하는 건물을 짓는 것은 재앙이다. 자연스러운 것이 아름다운 것이다. 자연과 인간이 함께 호흡하지 않는 디자인이나 건축물은 나 혼자만 떠들어대는 비협조적인 사람의 모습과 같이 불편하게 느껴진다. 사람들이 북유럽을 많이 찾는 이유는 자연과 건물들이 잘 어우러진 아름다움을 보기 위함이다. 노르웨이 플레산 전망대에서 베르겐을 내려다보면 붉은색 지붕의 건물들이 자연과 잘 어우러져 아름다움을 더하고, 베르겐 거리에는 16세기 이전에 지은 목조 가옥들이 지금도 아름답다. 노르웨이 정부는 자연과 건·구축물들이 잘 어우러지는 아름다운 강산을 지켜나가기 위해 국내외 많은 전문가를 동원해 최적의 조화를 만들어내는데 아낌없는 지원과 투자를 계속하고 있다고 한다.

모든 관리의 기본이 되는 것은 원류 관리이다. 웅덩이에 물을 깨끗이 하기 위해서 정화제를 사용하는 것은 긴급 조치고, 웅덩이로 흘러들어 가는 물을 깨끗이 하는 것은 원류 관리이다. 제품을 만들 때 품질관리의 기본이 되는 것도 원류 관리이다. 잘못 만들어놓고 수리하는 것은 모두 낭비이다. 품질관리 기법 중에 공정 품질 확보(Built-In-Quality)란 말이 있다. 품질은 공정에서 확보되어야 한다는 뜻이다. 공정 품질의 기본 개념은 '불량품은 받지도 말고, 만들지도 말고, 후공정으로 보내지도 않는다.'이다. 건물이나 환경도 마찬가지이다. 처음부터 제대로 만들지 않으면 두고두고 후회하게 되는 것이다. 건물이든 제품이든 만들 때 처음부터 제대로 만들어야 한다.

PART 3 _ 좋은 성공 습관들

## 06

# 즉실천(卽實踐)
# 성공 습관

　🖋 폴란드 해외 주재 근무 당시의 일이다. 한국GM이 폴란드 FSO 공장을 인수하면서 그곳 공장 운영책임자로 발령이 났다. 당시 필자의 임무는 GM 측 최소 정예 인력을 중심으로 생산 설비를 보완하고, 현지 인력을 활용하여 소형차를 생산, 유럽 전역에 판매하는 것이었다. 과거 몇 년간 해외에서 일한 경험이 있지만, 해외 근무에는 여러 가지 어려움이 따른다. 그중의 하나가 언어 소통 문제다.

　현지 언어는 폴란드어이고, 영어를 할 수 있는 사람은 경영진 일부에 불과하다. 당시 업무 보고 체계도 복잡했다. 공장 운영에 관한 사항은 GM 유럽 총괄사장에게 보고해야 하고, 생산에 관한 기술적인 사항은 한국GM과 소통해야 한다. 아침에 출근하면 GM 유럽, 한국GM으로부터 수십 통의 메일이 들어와 있다. 모두 영문으로 답을 해야 하는 내용이다. 적기에 회신을 하자면 영어도 능통해야 하지만, 우선 업무 파악이 되어야 하는데 통역이 없이는 현지인들과 의사소통이 안 되니 업무 파악조차 어렵다. 며칠 지나자 스트레스가 쌓이기 시작했다. 메일 회신이 늦어지면 바로 확인 전화가 온다. 물론 시간이 지나면서 업무 파악 관리 시스템을 구축하여 해결했지만, 초기에는 많은 어려움을 겪었던 기억이 새롭다. 외국인들과 일하면서 터득한 것은 업무 내용보다 더 중요한 것이 일정을 지키는 일이다. 아무리 보고 내용이 충실하다 하더라도 일정이 지연되면 무용지물이 될 경우가 많다. 유럽 총괄사장은 유럽 전역에 있는 전 공장의 현황을 종합해서 GM 본사에 보고해야 하는데, 한 공장이라도 적기에 자료가 들어오지 않으면 자료 종합이 안 된다. 그래서 보고가 늦어질 경우에는 언제까지 회신하겠다는 내용의 메일이라도 먼저 보내 놓아야 한다. 편지를 보냈는데 답이 없으면 그것만큼 답답한 것이 없다.

나중에 안 일이지만 한국GM에서 중역으로 진급한 사람들의 면면을 보았더니, 능력도 있고 영어도 능통한 사람들이지만, 대부분 상대방의 질문에 반응이 빠른 사람들이다. 주어진 업무를 바로바로 처리하는, 즉 실천 습관을 가진 사람들이다. 한양정밀 신동국 회장님 책상에 가면 언제 봐도 결재 서류가 쌓여있는 것을 볼 수 없다. 임원들이 결재 서류를 가지고 가면 바로 결론을 내리던가, 추가로 검토가 필요할 때는 지침을 주어서 돌려보낸다. 그리고 그것이 긴급한 사안이면 퇴근 후에라도 전화로 중간 점검을 하고, 적기에 결론을 내리도록 한다. 대부분 성공한 CEO들의 책상 위에는 미결 서류가 쌓여있는 것을 볼 수 없다.

성공하는 사람들에게는 몇 가지 공통점이 있다. 즉, 성공의 발판을 마련하는 좋은 습관을 가지고 있다는 점이다. 스티브 잡스는 '끝까지 파고드는 습관', 빌 게이츠는 '서로의 장점을 나눌 수 있는 친구를 사귀는 데 집중하는 습관', 톨스토이는 '자신을 반성할 수 있는 일기를 쓰는 습관',

오바마 대통령은 '닮고 싶은 롤모델을 찾는 습관' 등이다. 좋은 습관은 끈질긴 훈련의 산물이다. 아무리 좋은 계획이라도 꾸준한 실천 없이는 좋은 습관이 만들어지지 않는다. 백 번 듣는 것보다 한 번 보는 것이 낫고, 백 번 보는 것보다 한 번 실천하는 것이 낫다.

300여 년 전 벤저민 프랭클린은 "오늘 할 일을 내일로 미루지 말라 (Never put off till tomorrow what you can do today)"라는 명언을 남겼다. 오늘은 '승자'의 단어이고, 내일은 '패자'의 단어이다. 성공한 사람들의 달력에는 '오늘'이라고 적혀있고, 실패한 사람들의 달력에는 '내일'이라고 적혀있다. 황금보다 더 비싼 금이 지금이다. 오늘의 할 일을 내일로 미루지 않는, 즉 실천 습관이 성공 습관이다.

PART 3 _ 좋은 성공 습관들

## 07

# 직장 삼락(職場三樂)

📌 한국GM 본부장 시절, 주기적으로 직원 간담회를 했다. 직원들의 애로사항을 직접 들어보고 대화하는 소통과 화합의 자리였다. 예상외로 신입 사원일수록 많은 어려움을 토로했다. 어렵게 공부해서 치열한 경쟁을 뚫고 취업하면 '불행 끝, 행복 시작'이라고 생각했는데, 막상 회사 생활을 시작하니 과중한 업무, 인간관계 등으로 스트레스에 시달린다는 것이다. 직장 생활에 낙(樂)이 없다고 이야기하는 직원들이 많다. 평생 해야 하는 것이 일인데, 일에 즐거움이 없다면 일의 성과를 기대하기 어렵다. 그래서 그때 신입 사원 교육용으로 만든 것이 직장 삼락이다. 직장 삼락이란?

### ∴ 첫째, 일을 즐기는(Enjoy) 것이다.

어떤 일을 하든지 본인이 하는 일을 즐길 수 있도록 스스로가 만들어 가지 않으면 아무리 많은 보수와 직위가 보장된다 하더라도 절대 즐거운 직장 생활을 기대하기 어렵다. 일은 그 자체로도 즐거울 뿐 아니라 그것이 쌓여 점차 자신의 존재를 완성하는 기쁨의 원천이 되는 것이다. 발명가 토마스 에디슨은 "나는 평생 단 하루도 일하지 않았다. 재미있게 놀았다."라고 말했다. 해결책은 내 안에 있다. 일을 즐기려면 주도적인 사고가 기본이다.

∴ **둘째, 능력에 맞는 직위를 확보하는 것이다.**

함께 입사한 동기라 할지라도 시간이 흐를수록 직위 차이가 벌어지게 된다. 그러다 입사 동기가 나의 상사가 되는 경우도 허다하다. 이럴 때 즐겁게 일하기가 쉽지 않다. 물론 동기보다 승진이 늦을 때만 어려운 것은 아니다. 그 직위에 적합한 능력을 갖추지 않은 사람이 조기 승진을 할 경우, 아래위 동료들에게 인정을 받기 어렵고 그렇게 되면 승진을 못 한 것보다 스트레스를 훨씬 더 받는다. 반대로 능력이 있는 사람이 승진이 늦어지면 불만스러운 직장 생활이 될 수밖에 없다. 즉 본인의 직위와 능력이 상응할 때 가장 즐거운 직장 생활을 할 수 있다. 직위가 높아지기를 원한다면 능력을 키워야 한다. 능력을 키울 힘이 없으면 현재의 위치에서 전문성을 인정받아 즐겁게 일하는 도를 터득해야 즐거운 직장 생활이 될 수 있다.

∴ **셋째, 봉사(奉仕)와 감사(感謝)이다.**

진정한 즐거움의 원천은 봉사와 감사에 있다. 사람은 누구나 남에게 도움을 받을 때보다 남을 도와주었을 때 스스로 기쁨을 느낀다. 평소에 남을 도울 수 있는 능력을 키워야 한다. 재정 능력이 있는 사람은 돈으로, 지식을 가진 사람은 재능 기부로, 튼튼한 몸을 가진 사람은 노력 봉사로, 기술을 가진 사람은 기술을 통해서 남을 도울 때 마음속으로부터 기쁨의 샘이 솟아난다. 사람에게 있어서 기쁨의 원천은 '순 봉사(純 奉仕)'에 있다. 순 봉사는 준 봉사에서 받은 봉사를 제한 순수한 봉사이다. 공부하는 것, 명예를 얻는 것, 몸을 건강하게 하는 것 등의 목적이 궁극적으로 봉사를 위한 것일 때 기쁨이 넘친다.

결국 군자삼락(君子三樂)이든, 직장 삼락(職場三樂)이든 기쁨의 원천은 재물이나 직위에 있지 아니하고, 그 사람의 마음속에 있다는 것이다. 즐거운 직장 생활은 나의 건강을 지켜주고, 우리의 가정과 직장을 지켜주며, 건강한 사회를 만들어가는 행복의 원동력이 된다. 내가 소속되어있는 작은 조직부터 스트레스 공해에서 벗어나 즐겁게 일할 수 있는 보람의 일터로 가꾸어가려는 노력이 결국 성공으로 가는 길이다.

PART 3 _ 좋은 성공 습관들

08

# 말이 곧
# 그 사람의 인격이다

✎ 대구에 있는 회사에 컨설팅 일을 맡게 되어 한 달에 한두 번씩 대구에 갈 일이 있다. 대구에 가는 날은 소풍 가는 날이다. 새벽 5시에 일어나 어둠을 뚫고 버스를 타고 서울역까지 간다. KTX를 타고 서울역에서 동대구역까지 가고, 거기서 다시 택시로 회사까지 반 시간 정도 간다. 일을 마치고 집에 돌아오면 밤 9시가 된다. 오가는 길에 구경거리가 많다. 새벽 공기를 마시며 부지런히 버스에 오르는 사람들의 모습들, 쏜살같이 달리는 기차의 차창 밖으로 내다보이는 풍광은 계절에 따라 색다른 모습들이다. 기차 안은 비교적 조용하고 편안해서 책도 읽을 수 있고, 이런저런 생각을 하기도 좋다. 택시를 타고 가면서 기사님과 이야기를 나누는 것도 흥미롭다. 지난주에 만난 나이 지긋한 기사님은 다방면으로 박식하고 이야기도 재미있게 한다.

"어디까지 가세요?"

"성서공단까지 가요. 제가 길을 아니까 안내할게요. 매일 운전을 하시

제3장 좋은 성공 습관들 113

니 힘드시죠?"

"예, 나이 들수록 옛날 같지 않네요. 벌써 운전대 잡은 지가 47년이 되었는데 나름대로 재미도 있어요. 매일 다른 사람들을 대하고, 때로는 손님들과의 대화도 재미있어요. 이제는 직접 대화를 안 해도 손님들끼리 주고받는 몇 마디의 말만 들어봐도 그 사람이 무얼 하는 사람인지 알 수 있어요. 넥타이를 매고 서류 가방을 들고 어딘가 전화를 하면서 가는 손님은 주로 회사원이고, 캐주얼 옷차림으로 가방을 메고 가는 사람은 여행객이에요. 남녀가 서로 대화하는 것을 보면 부부 사이인지, 애인 사이인지도 알 수 있어요. 어떤 젊은이들은 대화의 내용이 욕에서 욕으로 끝나는 사람도 있고, 들을수록 말의 깊이와 품위가 느껴지는 사람들도 있어요."

내릴 시간이 다 되었다.

"아저씨, 저는 뭐 하는 사람 같아요?"

"회사원이시네요."

카드 결제를 했다.

"영수증 필요하세요?"

"안 주셔도 돼요."

아저씨, 빙긋이 웃으면서 하는 말.

"사장님이시네요."

말은 곧 그 사람의 인격이다. 그 사람의 말속에 인격이 묻어난다. 말을 할수록 상대방과 마음의 벽을 쌓는 사람이 있고, 말로써 그 벽을 허물고 교감의 문을 만드는 사람도 있다. 또한, 말을 할수록 인격을 우러러보게 되는 사람이 있는가 하면, 말을 할수록 됨됨이가 의심스러워지는 사람도 있다. "말이 거친 사람은 분노를 안고 있는 사람이다. 부정적인 언어 습관을 가진 사람은 마음에 두려움이 있는 사람이다. 다른 사람을 헐뜯는 말을 많이 하는 사람은 그 마음이 열등감에 사로잡혀 있는 사람이다. 다른 사람의 말을 듣지 않고, 자기 말만 하려는 사람은 그 마음이 조급하기 때문이다. 항상 다른 사람을 격려하는 말을 하는 사람은 자신이 행복하기 때문이다. 부드럽게 말하는 사람은 마음이 안정적이기 때문이다. 겸손한 사람은 과장하지 않고 사실을 말한다. 진실되게 이야기하는 사람은 그 마음이 담대하기 때문이다."라는 글을 읽은 적이 있다.

법정 스님의 말씀대로 "말은 생각을 담는 그릇이다." 말이 바뀌려면 생각이 바뀌어야 한다. 북을 두드리면 북소리가 나고, 징을 치면 징 소리가 난다. 아무리 잘 두드려도 북에서 징 소리는 나오지 않는다. 말을 잘하기 위해서는 말하는 훈련도 필요하지만, 아무리 스피치의 모든 걸 잘 숙지하고 있어도 마음속에 있는 걸림돌을 치워버리지 않으면 입에서 좋은 말이 나오지 않는다. 내가 하는 말을 통해 내 인격이 밖으로 드러난다. 택시 운전기사 아저씨가 잠시 손님들의 대화를 들어보고 그 사람의 됨됨이를 아는 것처럼, 내가 매일매일 대하는 내 주변 사람들도 나 자신의 말을 듣고 내 인격을 알아본다. 결국, 좋은 말을 하려면 말하기 전에 듣는 사람의 입장을 한번 생각해보고 하는 것도 중요하지만, 마음과 생각을 다스리는 훈련을 통해 부단한 인격 수양이 이루어져야 한다. 좋은 그릇에서 좋은 말이 나온다. 말이 곧 그 사람의 인격이다.

PART 3 _ 좋은 성공 습관들

## 09

# 몸이 자산이다

🖋 몇 해 전만 해도 구소련에 속해 있던 우크라이나, 오토쟈즈-대우에 발령을 받았을 때의 일이다. 영하 30도, 추운 날씨에 매우 열악한 환경이었다. 60여 년이 지난 낡은 건물에 여기저기서 물이 새고 오랫동안 공장을 가동하지 않아 대부분 설비가 녹이 나 있었다. 추운 겨울에 스산한 공장 내에 개들만 여기저기 돌아다닌다. 이제 이곳에 설비들을 재정비하고, 새로운 설비를 보완하고, 인력을 훈련시켜서 신차 생산 준비를 해야 했다.

주말도 없이 진행되는 과중한 업무, 언어 소통도 잘 안 되는 현지인들과 일을 추진하자니 스트레스가 말이 아니었다. 6개월쯤 지나자 몸에 이상이 오기 시작했다. 피로가 누적되고 가끔 열도 났다. 병원을 찾아 검진을 받았다. 다른 이상은 없는데 신장에 물혹이 생겼으니 일주일 후에 와서 조직 검사를 받으라는 것이다. 행여나 악성이면 수술을 받아야 한다는 것이다. 걱정이 태산이다. 사무실에 돌아와서 비서 겸 통역을 담당하는 현지 여직원에게 검진 결과를 자세하게 설명해달라고 했다. 잠깐 기다리라고 하더니 백지 위에 신체 내부를 그려서 왔다. 깜짝 놀랐다. 신장의 위치를 포함해서 체내의 오장 육부를 상세하게 그린 것이다. 나는 그때까지 50평생 살면서 내 몸의 신장 위치조차 잘 몰랐는데, 어떻게 모스크바대학 영문과를 졸업한 25세의 여비서가 이렇게 몸의 내부를 훤히 그릴 수 있을까? 반성을 많이 했다.

우리에게 가장 중요한 것은 우리 자신의 몸이다. 그런데 우리는 우리 몸에 대해서 무지한 것은 교육에도 문제가 있는 것 같다. 러시아 사람들은 수영과 춤을 못 추는 사람은 거의 없다. 유치원 때부터 수영과 춤을 기본적으로 가르치기 때문이다. 이유는 사람이 살다 보면 언젠가 물에 빠질 수가 있어서 수영은 반드시 할 줄 알아야 하고, 춤은 사람이 유쾌하고 즐겁게 살기 위한 필수 과목이라는 것이다.

『몸이 먼저다』의 저자 한근태 박사는 이렇게 질문한다. "몸을 사랑하는가? 몸이 나에게 하는 소리를 듣는가? 혹시 말로는 사랑한다면서 매일 밤 폭탄주를 붓고, 줄담배 연기를 집어넣고 있는 건 아닌가?" 몸이 자산이다. 몸이 무너지면 정신도 무너지고, 다른 것도 따라 무너진다. 몸을 지키기 위해서는 자기 몸에 관심을 가져야 한다. 몸은 내가 사는 집이다. 지식이나 영혼도 건강한 몸 안에 있을 때 가치가 있다. 혹 돈 벌기 위해서, 명예를 얻기 위해서 몸을 혹사하고 있지는 않은가? 삶의 우선순위를 생각해보아야 한다.

몸을 건강하게 유지하기 위해서는 잘 먹고 운동하는 것이다. 몸에 해로운 음식은 피해야 하고, 운동은 우리 몸이 매일 음식을 먹어야 지탱하는 것처럼 매일 하는 것을 습관화해야 한다. 주말에 가끔 테니스나 등산 등을 하는 것은 운동이 아니라 레크리에이션이다. 운동은 일정 시간 매일 하는 것이 운동이다. 100세 시대에 몸을 돌보는 것은 자신을 위한 일인 동시에 가족과 국가를 위한 일이다. 성공 습관 중에서 매일 운동하는 습관이야말로 가장 중요한 습관이다. 운동할 시간이 없는가? 운동할 시간을 **빼놓고** 다른 계획을 세우자. 내 몸보다 더 중요한 것은 이 세상에 없다. 몸이 자산이다.

PART3_ 좋은 성공 습관들

### 10
# 행복으로 가는
# 2개의 골방

🖋 인간의 수명이 점점 늘어나고 있다. 100세 시대가 현실화되어가고 있다. 이제 오래 사는 것도 중요하지만 '어떻게 살아야 의미있고 행복하게 사는 것인가?'라는 것이 화두인 시대가 되었다. 나는 지금 행복한가? 행복하고 건강한 삶에도 법칙이 있을까? 하버드대학교 연구팀은 1930년대 말에 입학한 학생들의 삶을 추적하여 이 질문에 대한 답을 찾아왔다. 21세기에 들어 내린 연구의 결론은, 행복은 사람의 힘으로 통제할 수 있는 7가지를 50대 이전에 얼마나 갖추느냐에 달려있고, 건강하고 행복한 노년의 조건은 부, 명예, 학벌보다는 건강과 고난에 대처하는 자세라는 것이다.

행복한 삶의 조건에 기초가 되는 것은 역시 건강이다. 건강이 뒷받침되지 않으면 돈이나 명예가 있어도 소용이 없기 때문이다. 몸과 마음의 근육이 튼튼한 사람이 건강한 사람이다. 몸과 마음의 근육을 튼튼히 하기 위해서는 두 개의 골방이 필요하다. 하나는 몸의 근육을 만드는 골방이고, 다른 하나는 마음의 근육을 만드는 골방이다. 몸 건강의 척도는 근육이다. 근육은 뼈에 붙어 있으면서 뼈를 보호하고 체형을 유지하는 역할을 한다. 척추를 곧게 하고 올바른 자세를 취할 수 있는 것도 근육 때문이다. 나이가 들어 허리가 굽는 것도 근육의 약화 때문이다. 근육이 약해지면 노화가 촉진된다. 일반적으로 50대가 넘으면 근육이 매년 1~2%씩 준다고 한다. 동력의 원천인 근육이 줄어들면 쉽게 피로해지고, 허리도 구부러지게 되고, 노화가 촉진되는 원인이 된다. 그런데 근육은 걷기, 천천히 달리기, 등산 등 유산소운동만으로는 커지지 않는다. 근육을 키우기 위해서는 근력 운동이 필요하다. 생업으로 헬스장에 가기 어려운 사람들은 집에서라도 각자의 체형에 맞는 헬스 자전거, 아령, 완력기 등 간단한 헬스 기구를 준비해서 매일 근력 운동을 해야 한다. 건강한 노후를 준비하려면 젊어서 충분한 근육을 만들어놓고, 나이 들어서 유지하고 관리하는 것을 밥 먹는 것만큼이나 중요하게 생각해야 한다. 누구나 매일매일 근육을 만드는 골방이 있어야 한다.

두 번째 골방은 마음의 근육을 만드는 곳이다. 마음의 근육이 튼튼해야 사소한 일에 상처받지 않고 행복하게 살 수 있다. 이곳은 다락방, 골방, 숲속이 될 수도 있다. 이런 곳을 플라톤은 외부의 영향을 받지 않고 아기가 자라는 어머니 배 속 같은 곳 '코라'라고 표현했다. 오직 혼자임을 즐기는 시간, 다른 사람들의 소리를 듣는 귀를 막고, 다른 사람을 보는 눈을 감고, 내면에 집중해서 나만의 자존감을 찾는 시간이다. 이것은 기도가 될 수도 있고 묵상, 명상이 될 수도 있다. 함석헌 님의 시중에 이런 시가 있다.

그대는 골방을 가졌는가?
이 세상의 소리가 들리지 않는
이 세상의 냄새가 들어오지 않는 은밀한 골방을
그대는 가졌는가?

님이 좋아하시는 골방
깊은 산도 아니요 거친 들도 아니요
지붕 밑도 지하실도 아니요
오직 그대 맘 은밀한 속에 있네.

그대 맘의 네 문 은밀히 닫고
세상 소리와 냄새 다 끊어버린 후
맑은 등잔 하나 가만히 밝혀만 놓으면
극진하신 님의 꿈같은 속삭임을 들을 수 있네.

몸은 마음을 담는 그릇이다. 그릇이 튼튼해야 마음을 담을 수 있다. 행복한 삶의 기초가 되는 것은 자신의 몸과 마음의 근육이다. 남과 비교하면서 돈 자랑이나 과거 이야기하면서 지나기에는 100세는 너무 짧다. 행복한 삶을 위해서는 몸과 마음의 근육을 수련할 수 있는 두 개의 골방을 가지고 있어야 한다.

PART 3 _ 좋은 성공 습관들

11

# 거인의 어깨 위에 선
# 난쟁이의 교훈

✎ "내가 더 멀리 보았다면 그건 내가 거인들의 어깨 위에 올라서있었기 때문이다." 아이작 뉴턴이 한 말로 알려진 이 문장은 우리가 이루었다고 생각하는 것들이 실은 다른 사람들의 공적 덕분에 가능했음을 깨우쳐준다. 1676년 뉴턴은 지인에게 보내는 편지에 이 글을 썼는데, 과학·사회학자 로버트 머튼은 이 문장의 근원을 추적해서, 뉴턴이 처음 쓴 표현은 아님을 밝혀냈다. 뉴턴은 1651년 조지 허버트가 쓴 문장에서 빌려왔다. "거인의 어깨 위에 올라선 난쟁이는 거인보다 더 멀리 본다." 허버트는 1621년 로버트 버튼의 글에서 따왔고, 버튼은 디에고 데 에스텔라에게 빌려왔는데, 그는 또 1159년 존 솔즈베리의 글을 인용한 것으로 추정된다. "우리는 거인의 어깨 위에 있는 난쟁이와 같아서 거인보다 더 많이 그리고 더 멀리 볼 수 있지만, 이는 우리 시력이 좋거나 신체가 뛰어나기 때문이 아니라, 거인의 거대한 몸집이 우리를 들어 높은 위치에 올려놓았기 때문이다." 그럼 솔즈베리가 원조일까? 아니다. 솔

즈베리는 1130년 베르나르 사르트르가 쓴 글에서 따왔다고 한다. "우리는 거인들의 어깨 위에 올라선 난쟁이들과 같기 때문에 고대인들보다 더 많이 그리고 더 멀리 볼 수 있다." 뉴턴보다 5백 년 전에 쓰인 글이었다는 거다. 정말, 거인의 어깨 위에 탄 난쟁이라는 게 실감 나지 않은가?

이 이야기는 우리를 되돌아보게 한다. 뭔가를 만들면 내 것으로 꼭 인정받으려는 경향이 많다. 내가 한 말, 내 강의안, 내 글의 표현, 심지어 농담도 '내가 창작한 것'임을 기억해주길 바란다. 그래서 툭하면 저작권 주장이다. 하지만 거기에 자신의 순수한 기여가 몇 퍼센트나 될까? 나보다 먼저 고민하고 뭔가를 만든 선배들, 업계의 동료들, 다른 전문가들의 아이디어에서 영감을 얻고 힌트를 받아 생겨난 게 아니던가? 성찰해볼 일이다. 물론 약간의 기여도 나름대로 인정해줄 일이긴 하다. 하지만 지나치게 공적 인정받는 걸 추구하다 보면 거꾸로 일에 몰입할 수 없다. 인정이 주어지지 않으면 일할 동기가 사라져버리기 때문이다. 마치 칭찬받기 위해서 휴지를 줍다 보면 아무도 보지 않는 데서는 휴지 주울 이유가 없어지는 것과 같이 인정에 대한 의존은 우리가 가졌던 본래의 선의와 목적의식을 갉아먹기도 한다.

라이트 형제는 비행기를 처음 생각해낸 것도, 처음으로 비행기를 만든 것도 아니었다. 오하이오 주의 자전거 상점에서 일했던 이들은 자전거 탈 때 핵심이 균형인 것처럼, 비행기의 본질이 띄우는 데 있는 게 아니라 균형 잡기라고 보았다. 그들은 새들이 어떻게 균형을 잡는지를 연구하고 기계적으로 실현하면서 무려 300여 개의 제작과 5천 번에 이르는 실험을 한끝에 마침내 하늘을 날 수 있었다. "라이트 형제는 하늘로 날아간 것이 아니라, 한 걸음씩 하늘로 걸어간 겁니다." 『창조의 발견』 저자 케빈

에쉬톤의 말이다. 뭔가 가치 있는 걸 만들어내려고 한다면, '내가 한 것'이라고 내세우는 유치한 마음을 내려놓고, 한 걸음씩 계속 나아가는 끈기를 가질 일이다. 이것은 고현숙 교수의 코칭 레터에 나오는 글이다.

지금까지는 열심히 공부해서 머릿속에 많은 지식을 축적한 사람들이 성공했다. 그러나 정보화 혁명 이후 지식에 대한 개념이 달라졌다. 지식이 불어나는 속도가 빨라졌다. 지식을 머릿속에 다 넣기에는 벅찬 시대가 되었다. 이제는 한 사람이 평생 죽도록 공부해도 다 습득할 수 없을 정도로 지식이 폭발적으로 늘어나고 있기 때문이다.

인터넷, 스마트폰, 책, 전문가, 우리는 지금 주변에 수많은 거인과 함께 살아가고 있다. 내가 거인이 되는 것도 중요하지만, 그들이 가진 경험과 지식을 배우고 잘 활용하면 그들보다 앞서갈 수 있는 시대이다. 채워도 채워도 넘쳐나는 지식과 정보를 머릿속에 채우기 위해 많은 시간을 보내기보다는 필요한 지식을 수집하고 융·복합하여 새로운 아이디어를 창출할 수 있는 지식의 활용 능력을 갖춘 사람이 앞서가는 시대가 되었다. 다른 사람의 의견을 존중하고, 배움에 대한 열정과 아이디어를 가진 사람이 결국 승리한다. 이제는 공부의 방법도 달라져야 한다.

PART 3 _ 좋은 성공 습관들

### 12

## 시간이 없어서 못 하는 사람은 시간이 있어도 못한다

✎ "시간이 없어서 못 하는 사람은 시간이 있어도 못한다."라는 17세기 영국의 유명한 시인이자 수필가인 찰스 램의 말이 생각난다. 찰스 램은 인도의 한 회사에서 오랫동안 근무하면서 글 쓰는 일을 병행했다. 항상 시간이 모자랐다. 그러다 보니 마음대로 책을 읽고, 글을 쓸 수가 없어서 늘 자기 마음대로 시간을 쓸 수가 있게 되기를 간절히 바랐다. 세월이 흘러 정년 퇴임하는 날이 되었다. 더 이상 시간에 얽매이지 않고 자유롭게 글을 쓰고, 책을 읽을 수 있게 된 그는 뛸 듯이 기뻤다. 마지막 출근하는 날, 평소 그를 존경하던 한 직원이 이렇게 말했다. "명예로운 정년 퇴임을 축하합니다. 이젠 밤에만 쓰던 작품을 낮에도 쓰게 되셨으니 작품이 더욱 빛나겠군요." 찰스 램은 활짝 웃으며 유쾌하게 대답했다. "햇빛을 보고 쓰는 글이니 별빛만 보고 쓰는 글보다 더 빛이 나리라는 것은 당연한 일이지." 그날 집으로 돌아오는 길에 그는 기쁜 마음으로 혼잣말을 했다. "아, 이렇게 자유로운 몸이 되길 얼마나 학수고대

했던가?" 그로부터 3년이 지났다. 그는 정년 퇴임을 축하해주었던 직원에게 편지를 보냈다. "사람이 하는 일 없이 지내는 것이 눈코 뜰 새 없이 바쁜 것보다 얼마나 못 견딜 노릇인지 이제야 알게 되었다오. 바빠서 글 쓸 새가 없다는 사람은 시간이 있어도 글을 쓰지 못하는군요."

공감이 가는 일화이다. 나도 아침 7시에 출근해서 저녁 7시에 퇴근하는 직장 생활을 40년간 했다. 지금 와서 생각해봐도 참 그동안 열심히 일했다. 덕분에 명예로운 정년 퇴임도 할 수 있었다. 시간을 쪼개서 열심히 책도 읽고, 두 권의 책도 섰다. 수백 회의 특강도 했고, 350회 이상의 주례도 섰다. 정년 퇴임하는 마음은 섭섭하기보다는 홀가분한 마음이었다. 틀에 박힌 직장 생활을 떠나 이제 좀 더 여유로운 시간을 가지면서 그동안 하고 싶었던 일들을 하며 제2의 인생을 산다는 것이 가슴 벅찬 일이었다. 연구소를 설립하고 글도 쓰고 강의도 하는 일인 기업가가 되었다. 그런데 뒤돌아보면 바쁜 직장 생활을 할 때보다 책도 더 많이 못 읽었고, 글도 더 많이 못 썼다. 시간이 많으면 오히려 게을러진다는 것도 깨달았다. 좋은 생각도 일이 바쁜 가운데 떠오른다는 말이 실감 난다.

에센바흐는 "시간을 지배할 줄 아는 사람은 인생을 지배할 줄 아는 사람이다."라고 했다. 승자는 시간을 관리하며 살고, 패자는 시간에 끌려다니며 산다. 직장인들의 시간 관리는 자투리 시간에 달려있다. 출퇴근 시간, 점심시간, 약속 장소에서 친구를 기다리는 시간 5분, 10분이 성패를 가른다. 가끔 특강 요청을 받아 강남 쪽에 가는 경우가 있다. 이른 시간에 많은 사람이 모여있다. 차가 막히는 출근 시간을 피해 일찍 와서 강의를 듣고 일터로 가는 사람들이다. 어떤 이들은 이 시간에 운동하기도 하고, 외국어 공부도 한다. 미래를 위해 시간을 투자하는 사람들이다. 이렇게 좋아서 시작한 자투리 시간들이 모여 이것이 몰입의 즐거움으로 발전하는 것이다. 즐거운 일로 아침을 열면 하루가 즐겁다. 일을 즐겁게 하는 사람이 성공한다. 천상병 시인은 귀천(歸天)이라는 시에서 인생을 즐거운 소풍에 비유했다.

나 하늘로 돌아가리라
새벽빛 와 닿으면 스러지는
이슬 더불어 손에 손을 잡고
나 하늘로 돌아가리라

노을빛 함께 단둘이서
기슭에서 놀다가 구름 손짓하면은
나 하늘로 돌아가리라

아름다운 이 세상 소풍 끝내는 날 가서,
아름다웠더라고 말하리라….

하루하루를 소풍 가는 마음으로 즐겁게 회사에 출근한다면 회사를 떠나는 날 직장 생활이 아름다웠다고 말할 수 있을 것이다. 시간이 없어서 못 하는 사람은 시간이 있어도 못한다.

PART 3 _ 좋은 성공 습관들

## 13

# 돈도, 경력도 없는 이들을 위한 성공 비결

✐ 여기 세계 최고가 되겠다는 꿈을 가진 한 여인이 패션의 도시 프랑스로 건너가 초밥집, 데일리 스시를 창업한 지 6년 만에 매장 500개, 직원 3,000명, 년 매출액 4,000억의 대성공을 거두어 대한민국 아줌마의 힘을 유럽 전역에 펼치고 있는 드라마틱한 성공 이야기가 있다. 과연 그 성공 비결은 어디서 온 것일까?

켈리 최**(최금례 회장)**는 전북 정읍 한 시골 마을에서 6남매 중 셋째 딸로 태어났다. 중학교를 졸업하고 집안 형편상 고등학교를 진학할 수 없게 되자, 단신으로 서울에 올라와 와이셔츠 공장에서 일하면서 주경야독을 한다. 어렵게 고등학교를 졸업하고 디자이너의 꿈을 품고 일본으로 건너간다. 다시 세계 최고의 디자이너가 되려면 프랑스로 가야 한다는 생각을 하고, 프랑스행 비행기를 타게 된다. 낯선 프랑스 땅에 가서 전전하다가 지인과 함께 광고업을 시작하게 되는데, 나이 40세에 남은 건 10억의 빚뿐이었다. 극도의 좌절 가운데 파리 시내를 걸으면서 고향에 계신 어머니를 생각하며 마음을 다잡는다. "그래, 다시 일어서자!" 그리고는 본인이 이루고자 하는 목표를 구체적으로 종이에 적는다. 이것을 책상 앞에 붙여놓고 아침저녁으로 쓰고 외운다. 목표 중의 하나는 좋은 남자를 만나 결혼하는 것이고, 다른 하나는 사업에 성공하는 것이다.

　켈리 최는 새로운 사업을 구상하면서 일본에 있을 때 즐겨 먹던 초밥을 연상하며 초밥 사업을 꿈꾸게 된다. 일본 사람이 운영하는 식당에 들어가 일을 배운 다음, 작은 초밥집 하나를 오픈한다. 요리법에 대해서는 일본 요리사의 도움을 받았고, 미국에서 성공한 『김밥 파는 CEO』의 저자 김승호 사장에게 편지를 보내 사업의 노하우도 전수받았다. 그리고 맥도날드 유럽 회장에게 편지를 썼고, 그분이 켈리 최 매장까지 찾아와 영업에 대한 노하우를 전수해주었다. 그녀의 성공 이야기는 성공을 꿈꾸는 많은 사람에게 귀감이 될만하다. 켈리 최는 지금 앞으로 제2의 꿈을 구상하며, 사랑하는 남편, 그리고 6살 된 딸과 함께 수백 권의 책을 요트에 싣고 망망대해를 가르며 400일간의 세계 일주 여행을 한다. 켈리 최는 얼마 전, 『아침마당』에 출연해서 돈도, 경험도 없는 이들의 성공 비결을 다음과 같이 정리했다. 첫째, 내가 누구인지를 파악할 것. 둘째, 나의 꿈을 정리하고 외우고 쓸 것. 셋째, 관련 분야의 책을 모두 섭렵할 것. 마지막으로 "일단 들이대!"라는 말을 남겼다.

　사람은 누구나 자기가 좋아하는 것, 남보다 잘할 수 있는 것이 있다. 그것을 찾아낼 수 있어야 한다. 그리고 꿈이 사람을 움직이게 만든다. 이루고자 하는 꿈을 구체적으로 적고 그것을 매일 외우고 쓰면 우리 뇌 속에 정보가 각인되고 언젠가는 이루어지게 된다는 것이다. 또한, 우리 주변에 많은 스승이 있지만, 그중에 가장 좋은 스승은 책이다. 모든 문제의 해결 방안은 책 속에 있다. 이 세상에서 가장 좋은 대학은 하버드대, 옥스퍼드대가 아니라 '들이대'라는 우스갯소리도 있다. 용기를 내서 들이대면 반드시 답이 온다는 것이다. 성공과 혁신은 연결과 융·복합으로부터 만들어진다. 꿈을 가지고 도전하는 사람에게는 모든 경험과 만남이 연결되어 성공의 길로 통하게 된다. 세계 제일을 꿈꾸던 한 소녀가 와이셔츠 공장에서 일하다가 디자이너의 꿈을 가지고 일본에 가게 되고, 다시 프랑스로 향하게 된다. 일본에서 즐겨 먹었던 초밥을 사업으로 연결해서 대성하게 된다. 우리는 누구나 살면서 많은 경험과 만남을 가지게 되는데, 이것들을 나의 꿈과 연결하고 융·복합해서 자기 것으로 만들어가는 사람이 결국 성공하게 된다.

PART 3 _ 좋은 성공 습관들

14

# 친해지려면
# 연결 고리를 만들어라

얼마 전 손자로부터 전화가 왔다.

"할아버지 바둑 둘 수 있어요?"

"둘 수 있지. 그런데 왜?"

"할아버지하고 바둑 하고 싶어요. 토요일에 바둑판 가지고 갈게요."

이제 바둑을 배우기 시작한 모양이다. 주말에 손자가 바둑판을 가지고 왔다. 세 판을 두었는데 자꾸 두자고 해서 한 판을 더 두었다. 월요일 아침에 며느리한테서 전화가 걸려왔다. 손자가 다음 주말에 할아버지 집에 또 가자고 한단다.

할아버지, 할머니들은 유난히 손자, 손녀를 좋아한다. 그래서 어디서나 손자, 손녀 자랑을 해서 핀잔을 받기가 일쑤다. 친구들 앞에서 손자 자랑을 하면 짓궂은 친구들은 "또 손자 자랑이야, 자랑하려거든 돈 내고 해. 말로 자랑하면 오만 원, 사진 보여주면 십만 원이야." 그래도 마다치 않고 자랑하곤 한다. 나도 손자를 보기 전에는 그 심정을 몰랐다. 자라나는 손자는 볼수록 귀엽다. 아마도 자식을 키울 때는 한창 귀여울 나이에 먹고살기 바빠서 내로라하고 귀여워하지 못한 것 같다. 마음속으로만 귀여워하는 사이에 어느덧 아이들이 훌쩍 커버린 것이다. 그런데 손자는 다르다. 이제 어느 정도 여유도 생겼고, 직접 키워야 할 책임도 없다. 가끔 만나면 귀여워해주고 장난감이나 사주면 좋아한다. 그러던 손자들이 학교에 들어가 친구도 생기고, 해야 할 숙제도 늘어나면서 조금씩 멀어져 가는 모습을 보며 할머니와 할아버지들은 섭섭함을 느끼곤 한다. 이런 시점에 손자와 바둑 친구가 되면서 유대 관계가 돈독해지고 있으니 얼마나 다행인가.

학교 다닐 때 둘도 없는 친구였는데 졸업 후 자주 만나지 못해 섭섭하게 되는 경우가 생긴다. 회사 생활하면서 각별하게 지내던 선후배가 사회를 나와 처음에는 자주 만나다가 시간이 지남에 따라 연락이 뜸해지면서 서운함을 토로하는 친구들도 흔히 본다. 어떤 부부는 정년 후에도 취미가 달라 각기 다른 생활을 한다. 아침 식사를 하고 남편은 색소폰을 배우러 가고, 아내는 동회에서 운영하는 요가를 배우러 갔다가 저녁에나 다시 돌아오곤 한다.

사람은 누구나 살아가면서 많은 사람과의 관계를 맺고 살아간다. 그러나 나이 들면서 자연적으로 친구 수가 줄어들게 된다. 자신이 관리할 수 있는 만큼의 인간관계 속에서 살아가게 되기 때문이다. 어떻게 해야 만나고 싶은 사람들과 서로 친숙하게 지낼 수 있을까? 사람은 보는 횟수가 늘어날수록 그에 대한 호감도도 높아지게 되어있다. 심리학자 자종크는 대학생들에게 몇 사람의 얼굴 사진을 보여주었다. 각각 횟수를 달리해서 보여준 후 사진 속 인물에 대한 호감도를 질문했다. 그 결과 가장 많은 횟수를 본 사진 속 인물에게 가장 높은 호감, 친근감을 느낀 것으로 조사되었다. 결국, 사람은 자주 만나야 친해진다. 그런데 친근감만 가지고 지속적인 만남을 유지하기란 쉽지 않다. 지속적인 만남을 이어가기 위해서는 그 사람과의 공통 관심사를 중심으로 한 연결 고리가 있어야 한다.

노후 대책으로 건강과 노후 자금을 이야기한다. 그러나 이보다 더 중요한 것은 정년 퇴임 후 부부가 서로 위로하며 다복하게 살아가기 위해서는 함께하면 즐거운 취미 한두 가지를 마련하는 것이 더욱 중요하다. 평생을 먹고살기 바빠서 서로 떨어져 살아왔는데, 노후에도 따로따로 놀아야 한다면 좀 아쉬운 일이 아닌가? 혹시 주변에 오래도록 함께 친하게 지내고 싶은 사람이 있는가? 자주 만나지 못함을 서운해하지 말고, 그 사람과의 연결 고리를 찾아보자. 나도 손자와 오래도록 친하게 지내려면 바둑 공부를 열심히 해야겠다. 그리고 손자가 자라면서 함께할 수 있는 다른 연결 고리가 무엇인지 생각해보아야겠다.

PART 4 _ 혁신은 어디서 오는가

01

# 창조적인 혁신 아이디어는 어디서 오는가?

✏️ 우리는 지금 혁신의 시대에 살고 있다. "가만히 있으면 중간이나 간다."라는 말이 통하지 않는 시대이다. 그래서 피터 드러커는 "혁신하던가, 사라지던가."라는 유명한 말을 남겼다. 혁신의 아이디어는 어떻게 만들어지는가? 1650년 영국 옥스퍼드에는 영국에서 처음으로 문을 연 커피 전문점이 있었다. '그랜드 카페'라는 이곳은 계몽주의라 부르는, 지난 500년 동안의 위대한 지적 개화기를 성장시키고 퍼뜨리는 데 중요한 역할을 한 곳이다. 커피 전문점이 계몽주의의 태동에 중요한 역할을 한 것은 사람들이 그곳에서 만난 것 때문이다. 차 문화가 영국에 전파되기 전에 사람들은 물이 깨끗하지 않아서 종일 술을 마셨다. 억제제 역할을 하던 술 대신 흥분제 역할을 하는 커피를 마시기 시작하자 사람들이 더 좋은 생각이 떠오르기 시작한 것은 당연한 일이었다. 서로 다른 사람들이 만나 자유롭게 대화를 나눔으로써 아이디어가 뒤섞여 새로운 아이디어 탄생이 가능했던 것이다. 그래서 17세기 영국의 개화

문화 발상지는 '그랜드 카페'라는 커피 전문점이었다고 한다. 탁월한 아이디어라는 것은 하나의 생명체와 같아서 하루아침에 만들어지는 것이 아니라 주위의 의견과 정보들이 만나면서 진화하여 세련된 아이디어로 거듭나는 것이다.

혁신적인 생각 대부분은 혼자 실험실에서 현미경을 보고 있을 때 생기는 것이 아니다. 매주 실험실 사람들이 모여 최근의 데이터와 새로 발견한 내용을 함께 토의하거나 종종 그들이 저지른 실수나 오차 혹은 그들이 신호에서 발견한 잡음 등을 공유하는 회의실의 테이블이나 현장에서 생겨난다. 배경과 이해관계가 서로 다른 다양한 생각들이 서로 충돌하고 튕겨 나가면서 혁신을 끌어내는 '유동적 네트워크'에서 혁신적인 아이디어가 생겨난다는 것이다. 초등학교 때 비행 청소년이었던 스티브 잡스도 중고차 수리공이었던 양아버지 덕분에 어려서부터 차고 안의 작업대에 익숙해졌고, 이것이 후에 차고에서 컴퓨터를 조립하게 된 계기가 되었다.

우리가 창조적 아이디어를 얻기 위해서는 오랜 시간 동안 하나의 생각이 아이디어로 자랄 수 있는 환경을 만들어야 한다. 서로 다른 생각을 하는 사람들이 만나서 길러진 직감을 서로 연결할 수 있는 공간이 필요하다. 나의 설익은 생각과 다른 사람의 설익은 생각이 만날 때 플러스, 마이너스 전극이 만나서 지직하고 스파크가 일어나는 것처럼 새로운 아이디어가 만들어진다. 지식인들이 만날수록 더 혁신적인 아이디어가 나온다. 그래서 구글과 같이 근무 시간의 20%를 혁신의 시간으로 할애하는 회사도 있다. "변화를 추구하려면 서로 다른 분야의 사람들과 만나 점심을 먹어라."라는 말도 있다. 주어진 곳에서 항상 평범한 생각을 하는 사람들과의 만남에서는 새로운 아이디어가 나오기 어렵다. 주변에 나와 다른 생각을 하는 사람들이 있는가? 그들과 자주 만나라. 혁신은 아이디어와 아이디어의 충돌에서 나온다. 지식과 직관이 만날 때 아이디어의 스파크가 일어난다.

PART 4 ＿ 혁 신 은   어 디 서   오 는 가

## 02

# 유명한 발명가들은
# 자연에서 영감을 얻었다

✎ 이 세상의 유명한 발명품 중에는 자연이나 동식물로부터 영감을 얻어 만들어진 것들이 많다. 비행기는 하늘을 자유롭게 나는 새에서 영감을 얻었고, 잠수함은 물속의 왕자, 고래에서 영감을 얻었다. 항공기의 날개, 프로펠러 그리고 풍력터빈 블레이드 등은 고래의 지느러미에서 아이디어를 얻었다. 잠자리에서 영감을 얻어 드론을 개발했고, 파리와 곤충의 날갯짓에서 오래 활공할 수 있는 드론을 만드는 데 성공했다. 도마뱀이 거꾸로 유리 위를 걸어가는 모습을 보고 도마뱀의 발바닥을 분석해서 테이프를 개발했다고 한다.

유명한 교통 전문가 와니스 카바지(Wanis Kabbaj)는 우리 생체 생명 활동의 우수성을 보고 영감을 얻어 미래의 교통 체계를 연구하고 있다. 역동적인 무인운전 세상을 실현할 수 있는 분리식 버스와 날아다니는 택시, 자력 교통망 등의 흥미 있는 개념을 연구한다. 우리는 시속 200Km로 달릴 수 있는 자동차를 만들었는데, 교통체증 때문에 19세기

마차의 속도로 길을 달리고 있다. 교통체증을 줄이기 위해 새로운 도로를 만들고 기존 도로를 넓히고, 지하도를 파고 고가 사다리를 만들어도 교통체증은 좀처럼 해결되지 않고 있다. 시간, 에너지, 인적자원의 낭비가 어마어마하다. 그런데 우리 몸의 정맥과 동맥을 보면 매일 물류의 기적을 이루고 있다. 양분, 산소, 단백질을 24시간 쉬지 않고 온몸에 원활이 공급하는, 세상에서 가장 수준 높은 교통망을 가지고 있다. 우리 몸에는 약 96,000Km의 혈관이 37조 개의 세포 하나하나에 필요한 산소를 공급하는데도 평생 피가 원활히 돌고 있는 것이다. 우리 혈관의 적혈구는 차선을 따라 이동하지 않는다. 혈관에는 신호등도 없다. 그런데 교통 체증도 없고, 교통사고도 없다. 우리의 교통망과 혈관의 차이는 무엇일까? 우리의 교통망은 2차원의 지상에만 초점이 맞추어져 있는 반면에 혈관은 3차원의 공간을 활용하고 있는 것이다. 그래서 우리의 혈관 같은 교통 체계, 도시 전체가 무인운전 체계가 되고, 신호등도 없고 차선도 없고, 드론이 발전되어 택시가 공중으로 날아다니는 3차원의 교통망을 꿈꾸어보는 것이다. 물론 이런 세상이 오려면 무인 자동차, 드론, 센서, GPS 같은 많은 기술이 뒷받침되어야 한다. 얼마나 걸릴지는 모른다. 그러나 언젠가는 이런 세상이 올 것이다.

  케임브리지대학에서 물리학, 수학을 공부하던 아이작 뉴턴은 1667년 영국에 흑사병이 돌아 학교가 2개월간 휴교하게 되자 고향으로 내려간다. 그곳에서 어느 날 사과나무에서 사과가 떨어지는 것을 보고 만유인력을 발견했다고 한다. 필자도 경영을 고민하다 공장 앞에 서있는 사과나무에서 영감을 얻어 'RBPS 경영 혁신 시스템'을 체계화하게 되었다. 사과나무에서 열매를 맺는 원리에 경영의 원리와 리더십 그리고 품질 좋은 제품을 만드는 기본 원리가 다 들어있다. 뉴턴은 하나님의 자녀로서의 삶을 살다 간 겸손한 사람이었다. 그는 이런 말을 남겼다. "나는 내가 세상에 어떻게 비치는지 알지 못합니다. 그러나 적어도 나에게 있어 나 자신은, 진리의 큰 바다가 아직 밝혀지지 않은, 그대로 아득히 놓여있는 바닷가에서 뛰놀면서 좀 더 둥그스름한 조약돌을 찾았거나 보통 것보다 더 예쁜 조개를 주웠다고 좋아하는 작은 소년에 불과합니다."

 인간이 생각하고 만들어낸 것은 유한하다. 창조주 하나님이 만든 자연 속에 영원불변의 진리가 들어있다. 자연스러운 것이 가장 아름다운 것이다. 새로운 발명을 하고 싶은가? 자연을 겸손한 마음으로 관찰하고, 그 속에서 창조의 영감을 얻어보자. 자연은 믿음을 가지고 무엇인가 집요하게 찾고 있는 사람에게 때로는 영감을 주곤 한다.

PART4 _ 혁신은 어디서 오는가

03

# 혁신하려면
# 놀던 물에서 벗어나라

✎ 어느 시골에 소와 돼지를 함께 사육하는 집이 있었다. 돼지우리와 소 우리가 인접해있었는데 그해에 돼지는 새끼를 다섯 마리를 낳았고, 소는 새끼를 한 마리를 낳았다. 어느 날 다섯 마리의 새끼 돼지가 서로 앞다투어 젖을 먹다가 한 마리가 밀려나자 옆에 있는 우사로 들어가 누워있던 어미 소의 젖을 먹게 되었다. 다음 날 젖을 먹는 데 불편을 느끼자 새끼 돼지는 다시 소 우리로 가서 어미 소의 젖을 먹었다. 이런 행동이 반복되면서 새끼 돼지는 배가 고프면 어미 소에게로 가곤 했다. 그런데 송아지가 커지면서 문제가 생겼다. 어미 소가 서서 송아지에게 젖을 주기 시작하면서 어린 돼지는 가엽게도 어미 소의 젖을 먹을 수 없게 된 것이다. 그러나 어린 돼지는 포기하지 않고 어미 소의 뒷다리를 타고 올라가 젖 먹기를 시도했다. 송아지와 어린 돼지는 서로 젖을 차지하려고 쟁탈전을 벌이곤 했다. 서로 다툼을 벌이다가 어린 돼지가 송아지의 다리를 물어버렸다. 그 후부터는 어린 돼지가 나타나면 송아지는

피하곤 했다. 그러던 어느 날 이변이 생겼다. 어린 돼지가 두 다리로 서서 젖을 먹는 것이다. 젖을 먹으려는 집념과 서지 않고는 젖을 먹을 수 없는 환경이 돼지를 두 다리로 서게 만든 것이다. 얼마 전『세상에 이런 일이』라는 TV 프로에 나왔던 실화다. 환경은 돼지도 서게 한다.

어느 날 고양이 한 마리가 쥐를 쫓고 있었다. 처절한 레이스를 벌이다가 그만 놓쳐버렸다. 아슬아슬한 순간에 쥐가 쥐구멍으로 들어가버린 것이다. 그런데 쥐구멍 앞에 쪼그리고 앉은 고양이가 갑자기 "멍멍! 멍멍멍!!" 하고 짖어댔다. "뭐야 이거, 고양이가 사라졌군?" 쥐가 궁금하여 머리를 구멍 밖으로 내미는 순간 그만 고양이 발톱에 걸려들고 말았다. 의기양양 쥐를 물고 가며 고양이가 하는 말. "요즘 같은 불경기에 먹고살려면 적어도 2개 국어 정도는 해야지!" 박상곤의『자기 혁명의 비밀』이라는 책에 나오는 이야기다.

우리는 지금 영원한 승자가 없는 급변하는 시대에 살아가고 있다. 변화에 끌려가느냐, 변화를 즐기며 주도하느냐가 성패를 좌우하는 세상이다. 많은 사람이 공감하고 따를 수 있는 아이디어나 세상에 전파할 만한 가치가 있는 기발한 발상 하나만 있어도 큰 투자 없이 부의 축적도 가능한 세상이다. 마크 저커버그는 "사람들을 연결하고 정보를 공유함으로써 지금보다 더 열린 세상을 만들겠다(I'm trying to make the world a more open place by helping people connect and share)."라는 발상으로 페이스북을 창안했다. 꿈과 집념을 가지고 부단히 노력한 결과 페이스북은 10년 만에 세계 15억 인구가 사용하는 소셜네트워크로 발전하게 되었고, 마크 저커버그는 30대 초반에 세계에서 가장 젊은 백만장자가 되었다.

변화와 혁신은 아이디어와 아이디어의 충돌에서 만들어진다. 고인 물, 같은 물에서는 혁신이 일어나지 않는다. 서로 다른 생각을 하는 사람들과 만나고, 새로운 환경을 접하는 가운데서 혁신의 아이디어가 나온다. 혁신의 아이디어는 생각을 서로 교환하고 나누는 과정에서 얻어지며, 오랜 진화의 과정을 거쳐 숙성된다. 삶은 희망이다. 꿈꾸는 자가 승리한다. 꿈이라는 작은 생각의 씨앗이 자라 행동이 되고, 행동이 습관이 되었을 때 변화의 씨앗이 만들어진다. 변화의 씨앗이 자랄 수 있는 환경이 조성되면 혁신은 영향력의 원을 확장해나가게 되는 것이다. 혁신하려면 혁신 환경을 만들어야 한다. 같은 물에서 놀지 말고 놀던 물에서 벗어나야 한다.

PART 4 _ 혁신은 어디서 오는가

04

# 벽 문화는
# 혁신의 사각지대다

✎ 1990년대 말 대우의 세계 경영의 일환으로 소련의 위성국가였던 우크라이나와 합작 자동차 회사 '오토쟈즈'를 설립했을 때의 일이다. 그 당시 우리 팀이 그곳에 갔을 때는 공산주의 흔적이 곳곳에 남아있었다. 그중 하나가 벽 문화다. 사무실에 들어서니 복도 좌우로 방이 즐비하게 있다. 사무실 직원들이 직급과 관계없이 모두 독방을 차지하고 근무를 하는 것이다. 임원 방은 이중 구조로 되어있고, 방을 비울 때는 자물쇠를 두 개씩 잠그곤 했다. 비밀 유지가 철저하다는 느낌을 받았다. 벽을 없애고 통합 사무실로 만들기 위해 현지인들을 설득하는 데 어려움이 많았다.

한때 미국과 함께 세계를 이끌어 가던 초강대국이었던 소련은 왜 붕괴되었을까? 궁금했다.

모스크바에서 태어나 어린 시절을 그곳에서 보냈고, 모스크바 대학을 나온 여비서에게 한번 물어보았다.

"이리나, 우크라이나가 소련에서 분리 독립된 지 이제 6년 정도 지났는데 그때하고 지금, 어느 쪽이 더 살기 좋은 것 같아?"

"디렉터 한, 지금은 독립 후 모두 살기가 힘드니까 어른들은 공산주의에 대한 향수를 아직도 가지고 있는 사람들이 많아요. 그러나 젊은 사람들은 좋아하죠. 자유가 있으니까요. 공산주의 사회에서는 인민에게 네 가지를 주고, 한 가지를 빼앗았죠. 살 집을 주고, 식량을 주고, 의료비와 교육비를 나라에서 해결해주었어요. 그리고 자유를 빼앗았죠. 철저하게 비밀을 지켜야 했으니까요."

그럴듯한 대답이다. 그래서 한 가지 더 물어보았다.

"그런데 미국과 함께 한때 세계를 이끌어가던 초강대국이었던 소련이 왜 붕괴되었는지 이해가 안 돼요."

"제가 전문가는 아니지만, 제 생각에는 그동안은 소련이 막강한 군비를 앞세워 이웃 나라들을 등쳐, 위성국가들을 먹여 살렸는데, 이제는 침공할 나라도 마땅치 않아요. 그리고 그동안은 우리끼리 잘 먹고 잘 살았는데, 국제적으로 인적, 물적 교류가 빈번해지면서 서방 나라 사람들의 생활 수준이 월등히 높다는 것을 국민이 알게 되었죠. 그래서 공산주의 사회에 금이 가기 시작한 것 같아요."

일리 있는 대답이다. 공산주의는 평등주의, 무상분배, 빈부 격차 해소 등 이론적으로는 장점도 많기 때문에 1922년 탄생 이후 70여 년간이나 유지해왔다. 공산주의가 붕괴한 것은 아마도 정치적인 이유라기보다는 경제적 이유 때문인지도 모른다. 외국에서 수입한 생필품의 품질이 좋은 것을 알게 되었고, 품질 경쟁력이 떨어지니까 수출도 점점 줄어들게 되었다. 소련의 계획경제가 시장경제를 능가하기 어려웠고, 시간이 갈수록 격차는 점점 더 커진다는 것이 판명된 것이다. 글로벌화, 정보화, 개방화 시대에서는 국가든, 개인이든 경쟁력에서 뒤지면 도태될 수밖에 없다. 아직도 공산주의에 대한 환상을 가지고 있는 사람들이 있다면 구소련에 한 번 가보면 생각이 달라질 것이다.

혁신은 만남과 소통이 있는 곳에서 이루어진다. 폐쇄된 벽 문화, 칸막이 문화에서는 혁신이 이루어지기 어렵다. 환경을 보면 그 회사의 기업 문화를 알 수 있다. 혁신 문화를 가지고 있는 회사 사무실에 가보면, 책상 주위에 있는 칸막이 높이부터 낮다. 임원 방의 문은 항상 열려있고, 회의 탁자도 원탁이다. 사무실 문을 개방하는 것은 언제나 들어와도 된다는 뜻이고, 원탁은 대화할 때 서로 직위를 의식하지 않고 의견을 말해도 된다는 뜻이다. 혁신은 소통 문화에서 만들어진다. 소통을 위해서는 소통 환경부터 만들어야 한다. 우리 몸도 피가 원활히 흐르지 않으면 동맥경화가 생기는 것처럼, 소통이 잘 안 되는 조직은 결국 어려움을 겪게 된다. 비밀은 거짓을 낳고, 거짓은 오해를 낳고, 오해는 결국 조직을 와해시킨다. 벽 문화의 종말은 쇠퇴뿐이다.

PART4_ 혁신은 어디서 오는가

05

# 시각화(視覺化)가
# 사람을 움직인다

📎 어느 날 여자친구가 남자친구에게 선물을 했다. '나에게 일어난 멋진 일들'이라는 글귀가 적힌 투명한 병이다. "팀, 당신에게 좋은 일들이 일어날 때마다 종이에 적어서 여기에 넣어봐요." 매일 어떻게 하면 성과를 올릴 수 있을지에 대해서만 매달리며 힘들어하는 남자친구가 보기에 딱한 모양이었다. 남자친구는 선물을 받아놓고는 처음엔 심드렁했다. 하지만 선물을 준 그녀에 대한 예의가 아닌 것 같아, 짜릿한 흥분이나 기쁨을 제공하는 일이 생길 때마다 그 내용을 간단히 종이에 적어 병에 넣기 시작했다. 그리고 얼마 후 그의 일상은 몰라보게 활기에 넘치기 시작했다. 멋진 일이 일어났을 때 그걸 머릿속에만 저장해두면 3개월을 가지 못한다. 우리는 불과 석 달 전만 해도 멋지고 기쁜 일이 일어났다는 사실을 까맣게 잊고 다시 우울과 비관 모드에 젖는다. '나에게 일어난 멋진 일들'을 저장하는 병을 갖은 친구는 외롭고 쓸쓸하고 우울할 때 병 속의 종이를 꺼내 읽으며 새로운 힘과 에너지를 얻을 수 있었

다. 아울러 투명한 병에 멋진 일들이 점점 쌓이는 모습을 눈으로 보는 것만으로도 삶의 질은 사뭇 달라져 갔다.

긍정적인 일이든 부정적인 일이든, 시각화해서 정리하면 현명한 해결책과 효과적인 방법들을 더 많이 얻을 수 있게 된다. '나에게 일어난 멋진 일들'이라는 이름의 병을 갖는 것만으로도 거기에 넣을 멋진 일들이 일어나는 것이다. 그는 이 병을 눈에 잘 띄는 곳에 두었다. '나에게 일어날 멋진 일들'이라는 글귀를 볼 때마다 '그때도 상황은 별로 좋지 않았지만 결국 잘해냈잖아! 힘내라, 팀!' 하는 내면의 목소리를 듣곤 했다. 항상 심각한 얼굴을 하고 있으면 금방 지친다. 포기한다. 악순환이 계속된다. 이 순환을 끊는 지혜는 '작은 성공을 의미하는 것'이다. 하루하루 소박한 멋진 일들, 감사한 일들을 적립해나가는 연습을 하다 보면 엄청나게 좋은 일들이 일어나는 것이다.

이 글은 2017년 아마존 종합 베스트셀러 1위에 오른 팀 페리스의 『타이탄의 도구들』이라는 책에 나오는 이야기이다. '나에게 일어난 멋진 일들'을 적어넣는 투명한 병은 생각을 시각화해서 담는 그릇이다. 머릿속에만 있던 멋진 일들을 잊어버리기 전에 종이에 적어 병에 넣었다가 일이 잘 안 풀리거나 삶이 짜증스러울 때 펴서 읽어보면 자신에게도 멋진 일이 있었다는 것을 상기시키고, 긍정적인 생각으로 자신을 이끌어 점차 삶의 활력소를 찾아가게 된다는 것이다.

누구나 새해가 되면 목표를 세워보지만 몇 달 안 되어 좀처럼 목표대로 되지 않는 것을 발견하게 된다. 몸무게 줄이기, 금연하기, 술 적게 먹기, 책 읽기, 일기 쓰기, 해마다 반복되는 단골 메뉴다. 자신과의 약속을 지킬 수 있는 사람이 다른 사람과의 약속도 지킬 수 있고, 자신을 움직일 수 있는 사람이 다른 사람도 움직일 수 있다. 이 세상에 성공한 사람 대부분도 어떤 드라마틱한 신화가 있는 것이 아니라 결점투성이의 사람들이 땀과 노력, 정교한 계획과 전략으로 한 걸음씩 전진해 인생을 바꿀만한 획기적인 터닝 포인트를 그때그때 만들어가는 사람들이다. 성공한 사람은 대부분은 목표를 세운 다음 그것을 종이에 적어 가장 잘 보이는 곳에 붙여놓고 매일 보고 상기한다. 명상하고 일기를 쓰며 하루를 뒤돌아보고, 매일매일 자신을 다잡는다. 자신과의 약속을 지킬 수 있도록 하는데 가장 효과적인 방법은 시각화이다. 사람은 눈으로 보면 마음도, 머리도 움직이는 존재이다. 격무와 반복되는 직장 생활에 힘들어하는 애인에게, 시험 준비에 시달리고 취업 준비에 방황하는 자녀들에게 '나에게 일어난 멋진 일들'이라는 글귀가 적힌 투명한 병을 하나 선물해보자. 자신에게 있었던 멋진 일들을 상상하며 자신감을 회복하고, 긍정적인 생각으로 성공의 길로 접어들 수 있는 터닝 포인트가 되도록. 시각화(視覺化)가 사람을 움직인다.

PART4_ 혁신은 어디서 오는가

## 06

# 이발소에서 발견한
# 혁신 아이디어

환경 품질 책임제(RBPS) 혁신 운동이 본격적으로 시작된 것은 한양정밀 공장이 김포로 이전한 후부터였다. 처음에는 아침 행사 시간에 공장 외곽 청소로부터 시작한 것이 점차 작업장으로까지 확대되었다. 조직 단위, 개인 단위까지 환경 관리 구역을 정해주고, 각자 자기가 일하는 환경의 품질을 스스로 책임지는 문화로 정착하면서 공장 내외 환경이 몰라보게 달라졌고, 직원들의 의식도 많이 바뀌었다. 그러나 현장에서는 작업이 쉴 새 없이 진행되기 때문에 작업 도중에는 각종 작업 잔재가 발생하여 깨끗한 환경을 항상 유지하기가 쉽지 않다. 그중에서도 가장 환경 관리가 어려운 공장은 굴착기 제관 공장이다. 제관 공장은 굴착기의 골격에 해당하는 철 구조물을 만드는 공장이다. 두꺼운 철판을 절단해서 형상에 맞게 절곡하고, 용접해서 그라인딩 작업으로 마무리한 다음 도장 공장으로 제품을 넘기게 된다. 제관 공장에서는 작업 도중 철 가루와 먼지, 그리고 가스가 많이 발생해서 마치 철공소와 같아서 환경 관리가 매우 어려운 공장이다.

어느 날 현장 순시를 하는 도중, 제관 공장을 지나가고 있는데 한 감독자가 다가와서 "사장님 드릴 말씀이 있습니다. 잘 아시는 바와 같이 우리 제관 공장은 철판을 다루는 공장이라 환경 관리에 어려움이 많습니다. 공장별 평가에서 이런 점을 좀 감안해주셨으면 좋겠습니다." 사무실에 올라와 곰곰이 생각해보았다. 평가 방법을 바꾸어서 해결될 문제만은 아니다. 결국, 공장 환경이 안 좋으면 그곳에서 일하는 직원들의 건강도 문제가 되기 때문이다. 이렇게 어려운 여건의 공장에서 환경을 깨끗하게 유지하고 관리할 방법은 없는 것일까? 생각에 잠겼다.

주말에 머리를 깎으려고 이발소에 갔다. 평소에는 주로 가까운 곳에 있는 학생 이발소에서 머리를 깎곤 했는데, 그날은 아내를 따라 미장원으로 갔다. 머리를 깎으면서 학생 이발소와 다른 점을 하나 발견했다. 학생 이발소에서는 손님이 많을 때는 몇 시간 동안 바닥에 떨어진 머리카락을 그대로 두었다가 한가한 시간에 치우곤 한다. 그런데 미장원에서는 한 사람의 이발이 끝나면 바로 머리카락을 깨끗이 치우고 다음 손님을 맞이한다. 바로 이것이다. 여기서 골칫거리 제관 공장 환경 관리에 관한 아이디어를 얻었다. 제관 작업을 하는 동안에는 어쩔 수 없이 철 가루가 쌓일 수밖에 없지만, 한 제품 작업을 완료한 다음, 잠시 청소를 하고 다음 작업을 하는 것이다. 다음 날 아침 제관 공장 분임 토의 시간에 이 방안을 설명하고 의견을 교환한 다음, 이것을 '고급 이발소 이론'이라고 명명했다. 며칠 후 현장을 순회하면서 몰라보게 달라진 작업장 모습을 발견했다. "김 직장, 현장이 몰라보게 깨끗해졌네." 했더니 밝은 표정으로 "사장님, 우리 공장은 지금 '고급 이발소 이론'을 적용 중입니다." 그래서 함께 한바탕 웃었다. 덕분에 제관 공장은 철공소 같은 이미지를 완전히 벗어버리고 깨끗한 공장으로 거듭나서 우리나라 뿌리 산업체의 벤치마킹 대상 공장이 되었다. 공장이 깨끗해지면서 직원들의 의식이 변하고, 환경 관리에 대한 자신감도 갖게 되었다. 안전사고가 획기적으로 줄었고, 품질, 생산성도 향상되어 일할 맛이 나는 공장이 되었다. '고급 이발소 이론'은 다른 공장에도 적용되었고, 전국 제조업으로 퍼져 나가고 있다. 작은 혁신이 큰 혁신을 만든다. 주변을 항상 깨끗이 하려면 쓰레기가 생길 때마다 즉시 치우는 것이 가장 효과적인 방법이다.

모든 사람이 자기가 생활하는 환경의 품질을 스스로 책임지는 것이 습관화되면 가정도, 회사도, 국가도 깨끗해질 수 있고 환경오염도 막을 수 있다. 환경이 깨끗해지면 사람들의 의식이 변해서 안전과 질서가 확보되고, 품질과 생산성도 향상된다. 환경이 사람을 바꾼다. 이것이 환경 품질 책임제(RBPS)의 기본 사고이다.

PART 4 _ 혁신은 어디서 오는가

## 07
# 시간 활용이
# 경쟁력이다

📎 몇 년 전의 일이다. 평소에 만나고 싶었던 친구 넷이 오랜만에 운동 약속을 했다. 장소는 네 사람 중에 두 사람이 사는 군산 지역으로 정했다. 금요일 저녁에 만나서 식사하고 다음 날 운동을 하기로 한 것이다. 바쁜 직장 생활을 하다 보면 이렇게 억지로라도 일을 꾸미지 않으면 친한 사이라도 서로 만나보기가 어려운 것이 현실이다. 회사 일을 끝내고 조금 늦게 군산에 도착하니 세 사람은 벌써 도착해서 식사하고 있었다. 오랜만에 만났으니 반갑기도 하고 할 이야기도 많았다. 그런데 한 친구는 식탁 위에 메모용 노트를 올려놓고 틈틈이 메모한다. 원래 그 친구가 학구적이라는 것은 잘 알고 있었지만 좀 특이하다는 생각을 했다. 운동이 끝나고 서울로 올라올 시간이다. 그 친구에게 "나 혼자 차로 왔으니 괜찮으면 함께 가시죠." 했더니 자기는 고속버스로 왔으니 버스 터미널까지만 부탁한다는 것이다. 터미널을 경유해서 올라오는 데 그날따라 차가 많이 밀려서 집에 오는 데 4시간이나 걸렸다. 파김치가 되

어 집에 도착했다. 군산에 다녀오기 위해 왕복 8시간을 길에서 보낸 셈이다. 피로가 겹쳐서 다음 날 일하는 데도 지장이 되었다. 생각해보니 그 친구는 내가 운전하는 동안 버스 안에서 책도 읽고, 메모한 것을 가지고 글쓰기 구상도 하고, 편히 쉬기도 했을 것이다. 이분이 바로 한스컨설팅 대표이자 나의 멘토이기도 한 한근태 박사다. 한 박사는 한 달에 20회 이상 강의하고, 각종 칼럼도 쓰고, 대학교수이며, 40여 권의 책을 낸 베스트셀러 작가이기도 하다. 이번 만남을 통해 나는 '어떻게 한 사람이 동시 다발적으로 그 많은 일을 해낼 수 있을까?'라는 평소의 의문을 푸는 계기가 되었다. 같은 시간이라도 어떻게 활용하느냐에 따라 이렇게 많은 차이가 난다.

"백구과극(白駒過隙)"이란 말이 있다. 인생이란 백마가 달리는 것을 문틈으로 바라보는 것처럼 삽시간에 지나간다는 말이다. 인간 누구에게나 공평하게 주어지는 하루 24시간, 남아도 저축도 안 되는 것이 시간이다. 같은 강물에 두 번 발을 담글 수 없는 것처럼 한 번 지나간 시간은 다시 되돌릴 수 없다. 오늘 하루를 어떻게 보내느냐가 그 사람의 경쟁력이다. 시간 활용을 잘하는 사람을 보면 삶의 목표가 뚜렷하다. 해야 할 일이 정해져 있다. 그래서 하루 계획을 세분화하여 시간을 아껴 쓴다. 자신의 시간 낭비 요소를 알려면 얼마간 매일매일 자기가 보낸 시간을 기록해서 통계를 내보면 무엇이 나의 시간 도둑인지를 알 수 있다. 시간이 부족할 때는 복잡한 일상생활을 단순화하고, 일의 우선순위를 정해서 낭비의 시간을 줄여나가면 된다. 누구에게나 하루라도 빼놓을 수 없는 공통된 시간은 밥 먹는 시간, 잠자는 시간, 일하는 시간이다. 그다음으로 할애해야 할 시간이 운동하는 시간이다. 일이 바빠서 운동할 시간이 없다면 우선순위가 잘못된 것이다. "젊을 때 100년 쓸 몸을 만들어라."라는 말이 있다. 건강을 위해서 하루 30분 이상 운동하는 것을 습관화하는 것이 건강관리의 기본이다. 주춧돌이 허약하면 견고한 가옥을 지을 수 없는 것처럼, 건강이라는 인생의 기초가 튼튼해야 성공적인 삶을 살 수 있다. 그다음은 자기만의 에너지 충전 시간이 필요하다. 땅이 아무리 기름지다 해도 씨를 뿌리지 않고 방치해놓으면 머지않아 잡초가 무성해서 못 쓰게 되는 것처럼, 우리의 머리도 자주 새로운 것으로 채우지 않으면 잡념으로 가득 차게 된다. 그런데 시간 활용의 중요성은 누구나 잘 알고 있지만 직장인들에게는 항상 시간이 부족하다. 필자의 경우도 직장 생활할 때는 자기 계발을 위한 나만의 시간을 내기가 어려웠다. 그래서 아내와 상의하여 회사 근방으로 이사했다. 출퇴근 시간을 줄여서 하루 2시간을 유용하게 쓸 수 있었다. 나는 새벽 4시에 일어나서 6시까지 자기 계발의 시간을 갖는 것을 습관화했다. 직장 생활하는 사람들은 저녁 시간은 예기치 않은 일들이 생겨서 항상 유동적이기 때문에 아침 시간이 황금의 시간이다. 이것이 습관화되면 일찍 자야해서 저녁에 일찍 귀가하게 된다. 이 시간은 책도 읽고, 글도 쓰고, 사색도 하고, 스스로가 주인이 되는 투자의 시간이다. 성취하고 싶은 무언가를 만들어가는 시간이다. 새벽 시간을 잘 활용한 덕분에 바쁜 직장 생활 속에서도 책도 쓰고, 외부 강연도 할 수 있게 되었고, 이것을 진지한 여가 생활로 연결할 수도 있게 되었다.

시간을 잘 활용하는 데는 주변 환경을 단순화하는 것이 도움된다. 구조적으로 복잡한 내 주변 관계를 먼저 정리해야 한다. 내가 생활하는 주변에 불필요한 물건들을 정리 정돈하고, 환경을 깨끗이 하면 머리도 맑아진다. 머리가 맑아지면 내 주변의 복잡한 관계, 시간 도둑도 잘 드러나게 된다. 삶의 목표를 정하고 좋아하는 일에 시간을 투자하며 사는 삶이 보람 있는 삶이다. 순간이 모여서 시간이 되고, 하루하루의 시간이 모여서 한 달이 된다. 세상에서 가장 소중한 선물은 지금이다. 하루하루의 시간 활용이 그 사람의 경쟁력이다.

PART4_ 혁신은 어디서 오는가

08

# 혁신의 도구, 글쓰기

✐ 더 늦기 전에 하고 싶은 공부 좀 하려고 고려대 명강사 최고위과정에 등록했다. 의사, 교수, 학원 원장, 이벤트 회사 사장, 공무원, 시인, 연예인 등 다양한 분야에서 명강사의 꿈을 가진 사람들이 모였다. 23세에서 70세까지 연령층도 다양하다. 개강 첫날 2분씩 스피치 시간이 있었다. 간단한 자기소개와 지원 동기, 앞으로의 꿈 등을 이야기하는 시간이다. 스피치가 끝난 다음 다들 아쉬워하는 모습이다. 나름대로 준비는 했는데 여러 사람 앞에 서니 떨려서 할 말을 다 못했다는 것이다. 나도 마찬가지였다. 말이란 생활 수단이고 소통의 기본 도구인데, 성인이 되어서도 여러 사람 앞에 서면 누구나 자유롭지 못하다. 간혹 조리 있게 말하는 사람을 볼 수 있다. 이런 사람은 평소에 훈련과 준비를 잘한 사람이다. 세기적인 스피치 달인 스티브 잡스도 여러 사람 앞에 서려면 스피치 초안을 만들어 마음에 들 때까지 다듬고, 반복적인 연습을 통해 자신감을 가지고 무대에 올라가곤 했다고 한다. 말을 조리 있게 하려면 생각이 정리되어야 한다. 생각을 정리하려면 글로 써 보는 것이 가장 효과적인 방법이다. 글로 쓰기 어려우면 말로 표현하기도 어렵다.

글쓰기, 말하기는 하면 할수록 더욱 어렵다는 것을 실감한다. 나도 요즘 글쓰기, 말하기에 관한 관심이 더욱 많아졌다. 글쓰기에 관한 책도 읽고, 글쓰기의 대가 이야기도 귀담아듣고, 강연회도 자주 참석한다. 『유시민의 글쓰기』라는 책에 이런 이야기가 나온다. "멋진 문장을 구사한다고 해서 글을 잘 쓰는 게 아니다. 읽는 사람이 글쓴이의 마음과 생각을 느끼고 이해하고 공감할 수 있게 써야 한다. 그렇게 하려면 표현할 가치가 있는 그 무엇을 내면에 쌓아야 하고, 그것을 실감 나게 표현할 수 있는 능력을 갖추어야 한다. 결국, 글을 잘 쓰려면 많이 읽고, 많이 생각하고, 많이 쓰는 훈련이 필요하다." 뉴욕 타임스 베스트셀러에 오른, 셰릴 스트레이드는 글을 잘 쓰는 방법에 대한 기자의 질문에 글쓰기의 어려움을 이렇게 표현했다. "책을 100권 펴낸 사람이든 단 한 권도 펴내지 못한 사람이든 간에, 누구나 빈 페이지에서 출발합니다. 작가마다 자신만의 고유한 작업 과정을 갖고 있긴 하지만 백지에서 머리를 쥐어뜯는 시간을 갖는 건 작가들의 숙명과도 같습니다."

글쓰기 훈련에 가장 도움이 되는 것은 일기 쓰기다. 운동도 매일 해야 근육이 생기는 것처럼 글쓰기도 매일 해야 근육이 생긴다. 매일 글쓰기에 도움이 되는 것은 일기 쓰기이다. 세계적으로 유명한 사람들은 대부분 매일 일기를 쓰는데, 주로 아침에 일기를 쓴다. 일기를 쓰면 현재 상황이 정확히 파악되고, 하루를 잘 보낼 수 있도록 안내하는 역할을 한다. 일기는 글쓰기뿐만 아니라 자신을 성공으로 이끄는 지혜로운 생각을 하게 하는 안내자가 되기도 한다. 이제 4차 산업혁명 시대에서 기계와 싸워 이기려면, 세상에 널려있는 지식을 배우는 것보다 새로운 생각을 만들어내는 창의력을 키워야 한다. 쓰기, 말하기는 소통의 도구이자 새로운 아이디어를 만들어내는 혁신의 도구이기도 하다.

PART 5_ 나의 퍼스널 브랜드 'RBPS'

01

# 지금은
# 개인 브랜드 시대

🖊 34년간의 직장 생활을 마무리하고 정년 퇴임할 때 내 나이 62세였다. 인생 2막을 구상하며 좀 여유로운 시간을 가지려고 할 무렵, 몇 군데서 CEO 영입 의사를 밝혀왔다. 그래서 6년간 일을 더 했다. 어느덧 내 인생의 5스텝 라이프 사이클 중에서 70부터 시작되는 스텝 4에 접어들었다. 이제 그동안의 경험을 사회에 환원하며 살리는 구상을 하고 'RBPS 경영 연구소'를 설립하여 1인 기업가로서의 활동을 시작할 무렵이었다. 어느 날 평소에 알고 지내던 중견기업 회장님께서 전화를 주셨다. "한 사장님, 시간 되시면 저의 회사에 한 번 방문해주시죠." 그 회사를 방문하던 날, 회장님은 공장을 안내하면서 설명하신다. "이번에 대기업으로부터 새로운 아이템을 다량 수주받아서 이렇게 공장을 새로 신축하였습니다. 멋진 제품을 한번 만들어보고 싶습니다. 저희 회사에 오셔서 3년만 저와 함께 일하셨으면 좋겠습니다." 고맙고 감사한 일이지만 나는 회장님 제의를 받아들일 수가 없었다. 점심 식사 자리에서 제

삶에 대한 앞으로의 계획을 설명해드리면서 정중하게 제의를 사절했다. "회장님, 부족한 저를 인정해주셔서 고맙습니다. 지금 제가 새로 직장 생활을 시작하는 것은 어렵고, 기회가 되면 경영 자문이나 교육은 제가 재능 기부로 해드리겠습니다."

물건을 살 때 기준이 되는 것은 디자인이나 가격, 품질이지만 그 이전에 생각하게 되는 것이 브랜드이다. 브랜드는 상품이 가진 어떤 유형보다도 중요한 이미지를 가지고 있기 때문이다. 그래서 기업들은 상품의 브랜드 가치를 극대화하기 위한 많은 노력을 기울인다. 개인도 마찬가지이다. 지금은 개인 브랜드 가치가 자기 경쟁력이 되는 시대이다. 평생직장이나 정년이라는 개념이 무너진 시대에 안정적으로 살아가기 위한 무기는 개인 브랜드(personal brand)를 구축하고 가치를 높이는 일이다. 커피 하면 스타벅스, 운동화 하면 나이키가 떠오르듯이 어떤 영역을 말하면 머릿속에 탁 떠오르는 사람, 바로 그런 사람이 되어야 한다. 그동안 쌓은 경험을 토대로 구축한 나의 개인 브랜드인 'RBPS' 덕분에 늦은 나이에도 이렇게 인정받게 된 것을 보고 나도 놀랐다. 이제 기업이 원하는 인재도 과거처럼 학벌이나 스펙이 좋은 인재가 아니라 다른 누군가와 구별이 되는 포지션과 차별화된 능력을 가진 개인의 가치와 능력을 인정해주는 시대이다. 무한 경쟁 시대에 자신만의 색깔과 자신만의 가치는 필수 요소로 자리매김하고 있다. 개인 브랜드가 있으면 노후에도 자존감을 가지고 의미 있는 삶을 살아갈 수 있고, 일과도 연결될 수 있다. 특히 1인 기업가, 프리랜서로 활동하고자 하는 사람에게는 개인 브랜드를 구축하는 것은 필수이다.

개인 브랜드는 개인의 전문적인 노력이나 재능, 특기를 독자적인 스타

일로 구축하여 차별화하고, 경쟁력 있는 기술로 개발하여 나를 대표할 수 있는 이미지와 가치를 만드는 것이다. 상품의 브랜드 가치를 높이기 위해서 많은 노력과 시간이 필요한 것처럼, 자기만의 개인 브랜드를 구축하기 위해서는 많은 시간과 노력이 필요하다. 브랜드화하기 위한 목표가 설정되면 관련 자료를 축적하고, 성공 사례를 만들고, 관련 분야의 서적을 섭렵하고, 그 분야의 전문가들과 인맥을 쌓는 등 전문가가 되기 위한 노력을 지속해야 한다. 어느 정도 전문성이 쌓이면 이를 알리는 노력도 필요하다. 책을 쓰거나 잡지나 언론사에 글을 기고하거나 SNS를 통해 자기를 알리는 것도 방법이다. 내가 쌓아온 개인 브랜드가 내가 좋아하는 취미와 일치한다면 노후를 더욱 즐겁고 유익하게 보낼 수 있는 기반도 될 수 있다.

여기에 소개하고자 하는 나의 개인 브랜드가 된 RBPS 혁신 시스템**(환경 품질 책임제-RBPS: Responsible Boundary Production System)**은 환경 혁신을 통한 의식 개혁을 바탕으로 사람의 변화를 통해서 일류 기업, 일류 사회를 만들고자 하는 한국형 창조 경영 혁신 시스템이다. 'RBPS'는 필자가 40여 년간 직장 생활을 하면서 많은 경험과 성공 사례를 바탕으로 구축한 경영 혁신 시스템으로, RBPS 혁신 성공 사례를 중심으로 책을 내면서 RBPS가 사회에 널리 홍보되어 방송도 하고, 강의도 할 수 있는 기반이 마련되었다.

PART5_ 나의 퍼스널 브랜드 'RBPS'

## 02
# 변화와 혁신의 시대

🖋 지금은 변화와 혁신의 시대다. 밀려오는 4차 산업혁명의 소용돌이 속에서 살아남으려면 현재 우리가 하고 있는 것을 열심히 하는 것만으로는 부족한 시대이다. 18세기 영국을 중심으로 한 기계화 혁명이 제1차 산업혁명을 이끌었고, 19세기 후반 미국을 중심으로 한 대량생산 시스템이 제2차 산업혁명을 주도했으며, 20세기 전자기기, 정보 기술이 제3차 산업혁명을 이끌고 있다. 이제 4차 산업혁명 시대에서는 사물 인터넷, 인공지능 기기의 발달로 무인 자동화, 스마트 공장, 무인 자율 주행 자동차가 현실화되어가고 있다. 산업의 급속한 발달로 삶은 편해지고 있지만, 위협 요소도 많다. 고용 환경의 변화로 인간의 일자리가 위협을 받고 있고, 생태계는 파괴되어가고 있다. 인간은 기계를 만들고, 기계에 종속되어 알고리즘의 지배를 받으면서 인간성을 상실할 위기에 놓일 수도 있다. 어느 때보다도 인간성의 회복이 필요한 시대이다. 자연이 인간에게 주는 교훈을 겸허하게 받아들여야 할 때다.

사과나무에서 해마다 좋은 열매를 수확하려면 좋은 토양에 나무를 심어야 하는 것처럼, 변화의 원동력은 결국 사람이다. 사람이 변해야 가정도, 회사도, 사회도 변한다. 그러나 우리가 많은 경험을 통해서 잘 아는 것처럼 사람이 사람을 바꾸는 것은 한계가 있다. 사람은 누군가가 자기를 바꾸려고 하면 저항할 준비부터 하기 때문이다. 나는 직장 생활을 하면서 국내외 기업에서 어려운 환경을 극복하고 많은 혁신을 이루는 경험을 했다. 그런데 그 혁신의 비밀은 바로 환경에 있었다. 사람은 눈에 보이는 것에 마음도 닮아가는 존재다. 환경이 깨끗해지면 사람의 머리도 깨끗해지고 마음도 깨끗해진다. 사람은 바뀔 수 있는 환경을 만들어주면 변하게 된다는 것을 나는 많은 연구와 경험을 통해 입증했다. 환경을 깨끗이 하면 질서와 안전이 확보된다. 깨끗한 마음과 책임감을 가진 사람들이 제품을 만들면 최고 품질의 일류 제품을 만들 수 있다. 깨끗한 마음을 가진 사람들이 사는 사회가 투명한 선진사회다. 환경에 혁신의 비밀이 숨어있다. 나는 그동안 환경 혁신을 통해 변화와 혁신을 이룬 구체적인 성공 스토리를 『우리는 우리를 넘어섰다』와 『혁신의 비밀』이란 책에 소상하게 소개한 바 있다. 모든 혁신의 기본은 사람이다.

PART5_ 나의 퍼스널 브랜드 'RBPS'

03

# 제품이 바뀌려면
# 사람이 바뀌어야 한다

1990년대 초 대우자동차에 근무할 때의 일이다. 생산기술부장이라는 요직에서 신차 개발과 공장 확장 등으로 바쁜 일정을 보내고 있던 어느 날, 갑자기 현장부서 책임자로 발령이 났다. 현장을 담당하던 동료 부서장이 노사문제 등, 어려움을 겪다가 갑자기 행방불명이 되는 바람에 시급하게 이뤄진 인사 조치였다. 구성원이 약 600명 정도 되던 차체 공장은 그 당시 대우자동차의 인기 차종인 프린스 모델의 차체를 만드는 공장이었다. 당시 부평 공장은 강성 노조가 생기면서 공장 운영에 어려움을 겪었었는데, 그 노사분규가 처음으로 발생한 곳이 바로 차체 공장이었다.

나는 새로운 부서에 부임하기 전 일본 출장을 다녀올 기회를 얻었다. 일본의 자동차 제조 현장을 둘러보고 새로운 대안을 찾기 위해서였다. 일주일 정도 일본에 있는 동안 도요타, 혼다, 닛산 자동차 공장을 방문하여 주로 자동차 제조 현장을 돌아보았다. 제조 현장을 돌아보면서 우리나라와 일본 자동차 산업은 기술 면에서 아직도 많은 격차가 있다는 것을 실감했다. 출장 일정을 마치고 돌아오기 전날, 동경 시내를 한번 둘러 볼 기회를 얻었다. 전자제품을 많이 판매하는 아키하바라, 카메라점이 모여 있는 신주쿠, 그리고 몇몇 백화점을 들러보며 다시 한 번 일본 제품의 품질 수준에 놀랐다. 돌아오는 비행기 안에서 내내 한 생각만 머릿속을 맴돌았다. 스위스는 시계를 잘 만들고, 독일은 기계를 잘 만들고, 이탈리아는 가구를 잘 만드는데 일본은 어떻게 거의 모든 제품을 골고루 잘 만들어 세계시장을 석권해나가고 있는 것일까? 내가 접해본 일본 사람들 개개인의 면모를 보면 모두가 다 뛰어난 것 같지도 않은데 도대체 이유가 무엇인지 궁금했다.

한국에 돌아온 후 몇 주가 지났다. 한 조간신문에 한국과 일본의 의식 수준을 한눈에 알아볼 수 있는 비교 사진이 실렸다. 한쪽은 서울 광화문 네거리 횡단보도 사진이었고, 다른 쪽은 같은 시간대 일본 도쿄의 번화가인 긴자 미쓰코시 백화점 앞 횡단보도 사진이었다. 확연한 차이를 보여주는 서울과 도쿄의 횡단보도 사진을 보자 일본에 갈 때마다 느꼈던 깨끗한 거리와 질서정연한 모습이 순간적으로 떠올랐다. 그리고 머릿속에서 불이 켜지듯 한 가지 생각이 번뜩였다. 어디를 가나 주변 환경이 깨끗하고 정지선에 가지런히 서있는 차들과 횡단보도를 질서 있게 건너가는 일본 사람들, 들쑥날쑥 심지어 횡단보도의 반을 점령한 채 정지해있는 차를 피해 뒤엉켜 건너가는 서울 사람들, 얼굴이 화끈거리는 사진이었다. 나는 이 사진에서 일본 제품의 우수성의 비밀을 드디어 발견할 수 있었다. 비밀은 바로 사람에게 있었다. 일본 제품의 품질 수준은 그것을 만드는 사람들의 질서 수준이었던 것이다. 제품이 바뀌려면 그 제품을 만드는 사람이 바뀌어야 한다.

PART5_ 나의 퍼스널 브랜드 'RBPS'

04

# 환경이 바뀌면
# 사람도 바뀐다

 일본을 다녀와서 차체 공장 현장을 운영하면서 많은 문제가 현실로 다가왔다. 어느 날 생산 라인이 정지되었다는 연락을 받았다. 부랴부랴 현장에 내려가 보니 생산 설비가 모두 서있고, 공장 안에는 여기저기서 에어 새는 소리만 들릴 뿐 적막만이 흘렀다. 자동차 차체에는 문짝을 달기 위한 힌지 부위가 있는데, 지금은 모두 볼팅 구조이지만, 당시만 해도 용접 구조였다. 용접할 때 가스를 빨아내기 위한 부스가 설치되어있는데, 가스가 잘 빠지지 않아서 작업을 못 하겠다는 것이 생산 라인을 세운 이유였다. 차체 공장이 서면 잠시 후 다음 공정인 도장 공장, 조립 공장이 차례로 서게 되어 전 공장이 멈출 상황이었다. 그리고 그 책임은 차체 공장 운영 책임자인 내가 모두 짊어져야 했다. 당시만 해도 노조 대의원들이 현장을 좌지우지했던 시절이었다. 책임감과 자존심이 누구보다 강했던 나는 가슴이 터질 것만 같았다. 전직 부서장이 행방불명 된 이유를 알 만했다. 노조 대의원들과 대화를 통해 설비 개선

날짜를 약속하고 생산 라인을 겨우 재가동할 수 있었다. 그러나 언제 다시 공장이 설지 아무도 모르는 상황이었다. 나는 그날 오후 내내 현장에 머무르면서 부스 내부를 세심하게 살펴보았다. 두 가지 문제점이 있었다. 하나는 가스가 잘 배출되지 않는 설비상의 문제였고, 다른 하나는 지저분한 부스 바닥에 쌓이는 먼지가 선풍기에 날리는 것이었다. 먼저 손쉬운 먼지 문제부터 해결해야겠다는 생각을 했다.

다음 날 점심시간에 사무직원 몇 사람과 함께 빗자루를 들고 부스 안을 청소하기 시작했다. 근무 시간에는 작업에 방해되기 때문에 점심시간을 이용해서 빗자루를 들고 청소를 했다. 그런 나를 이상한 눈초리로 보거나 아예 신경조차 쓰지 않는 작업자들이 훨씬 더 많았다. 청소를 시작한 지 3일이 지나자 나를 도와 청소를 하는 일부 현장 감독자들이 생겨났다. 일주일간 청소를 하자 부스 내의 작업장 바닥에는 흙먼지가 없어졌고, 오히려 다른 작업장보다 더 깨끗해졌다. 주말을 이용해서 부스 바닥에 흰색 페인트를 칠했다. 며칠 동안 노력했는데 작업장은 몰라보게 변했다. 그런데 단순히 눈으로 보이는 외관상의 변화만 일어난 게 아니었다. 부스 청소를 통해서 환경이 바뀐 다음, 작업장에서는 서서히 놀라운 변화가 일어나기 시작했다. 쓰레기를 버리는 사람이 줄어들었다. 작업자들 스스로 청소를 하기 시작했으며 표정도 밝아졌다. 물론 약속한 대로 가스 배출 설비도 개선해주었다. 그때의 경험은 내게 무엇으로도 바꿀 수 없는 큰 깨달음을 주었다. 그 일을 통해 청소에는 사람을 근본적으로 바꾸는 힘이 있다는 것을 확인할 수 있었다. 이것이 후에 'RBPS 경영 혁신 시스템'을 구축하는 단초가 되었다. 차체 공장 혁신 사례는 전사적으로 소개되었고, 그 후 같은 원리로 부평 공장 30만 평을 새로운 공장으로 변화시키는 기폭제가 되었다. 작은 혁신이 큰 혁신으로 연결된 것이다. 그리고 이것이 부도 사태와 노사 갈등으로 위기에 처해있던 대우자동차 부평 공장을 부활시키는 구원투수 역할을 해냈다. 사람을 바꾸는 혁신의 비밀은 바로 환경에 있었다.

PART 5_ 나의 퍼스널 브랜드 'RBPS'

## 05
# RBPS 경영 혁신 시스템

:: **사과나무에서 찾은 혁신의 비밀**

나는 그동안의 환경 혁신을 통한 경영 혁신의 체험을 체계화하여 경영 이론을 정립하고 싶었다. 그때 마침 과수원을 하는 친구에게 들은 사과나무 이야기에서 내가 생각하며 실천하고 있는 혁신 운동에 부합하는 이론의 단서를 찾을 수 있었다. 사과나무의 존재 가치는 맛있고 튼실한 열매를 많이 맺는 것에 있다. 사과나무에 튼실한 열매가 많이 달리려면 이파리와 가지가 있어야 하고, 비바람 속에서도 가지를 지탱하기 위한 튼튼한 줄기가 있어야 한다. 줄기를 지탱해주는 것은 뿌리이다. 그리고 뿌리를 내리게 하는 것은 토양이다. 토양이 좋고 비옥해야 뿌리를 잘 내릴 수 있다. 토양으로부터 물기와 영양분을 잘 빨아들여야 튼실한 열매가 많이 달린다. 사과나무에서 사과는 기업에 비유하면 제품이다. 이파리는 생산 공장이고, 뿌리는 기업 문화다. 줄기는 간부고, 가지는 종업원에 해당한다. 사과 열매는 이파리에서 수분과 이산화탄소와 태양에너지에 의한 광합성으로 만들어지지만, 제품은 자재, 공정 그리고 사람에 의해서 만들어진다. 사과나무가 자라서 열매를 맺는 원리에는 성공적인 조직의 원리가 숨어있다. 이렇게 기존의 생각을 정리하고 자연에서 힌트를 얻어 점점 체계화되어가던 사과나무 이론은 어느 날 성경을 읽다가 그 근거를 찾으며 더욱 완성도를 높일 수 있게 되었다. 마치 하늘에서 환한 빛이 쏟아져 내리는 것 같았다. 내가 생각했던 사과나무 경영 이론이 성경, 요한복음 15장에 너무나 명쾌하고 구체적으로 명시되어있었다. 읽으면 읽을수록 신기할 만큼 조직의 원리, 회사와 종업원의 관계, 경영자의 자세 등 기업 경영에 딱 맞아떨어지는 내용이었다. 지혜와 지식의 모든 보화가 성경 속에 감추어져 있다는 성경 말씀이 떠올랐다. 나는 사과나무 이론과 매치하는 성경 구절을 읽고 또 읽으며 이론을 정리해나갔다. 말씀 속에 혁신의 비밀이 감춰져있었다. 이것은 예수님과 성도의 관계를 포도나무에 비유하신 말씀이지만, 이 말씀 속에 기업 경영의 원리가 숨어있었다.

∴ **회사와 종업원의 관계**

"나는 포도나무요 너희는 가지라 그가 내 안에, 내가 그 안에 거하면 사람이 열매를 많이 맺나니 나를 떠나서는 너희가 아무것도 할 수 없음이라." (요한복음 15:5)

회사와 종업원의 관계는 마치 포도나무와 가지처럼 밀접한 관계이다. 가지가 본체인 나무에서 떨어져나가면 열매를 맺을 수 없는 것처럼 종업원이 회사를 떠나서는 성장할 수 없다.

## ∷ 종업원의 자세

"가지가 포도나무에 붙어있지 아니하면 스스로 열매를 맺을 수 없음 같이 너희도 내 안에 있지 아니하면 그러하리라." **(요한복음 15:4)**

가지가 포도나무에 붙어있지 않으면 열매를 맺을 수 없는 것처럼 종업원은 회사와 자신이 하나임을 기억하고, 주인 정신을 가지고 회사의 일원으로서 본인의 역할을 다하는 것이 성공의 비결이다.

## ∷ 경영자의 자세

"이제부터 너희를 종이라 하지 아니하리니 종은 주인이 하는 것을 알지 못함이라. 너희를 친구라 하였으니 내가 내 아버지께 들은 것을 다 너희에게 알게 하였음이라." **(요한복음 15:15)**

경영자는 종업원을 가족으로 생각하고 항상 신뢰와 애정을 가지고 대하며, 상하좌우 의사소통이 잘되도록 하고, 투명한 경영을 통하여 종업원이 보람을 가지고 창의적인 노력을 할 수 있는 경영 환경을 조성해야 한다.

## ∷ 조직의 원리

"무릇 내게 있어 과실을 맺지 아니하는 가지는 아버지께서 이를 제해 버리시고 무릇 과실을 맺는 가지는 더 맺게 하려 하여 이를 깨끗하게 하시느니라." **(요한복음 15:2)**

작은 일에 성과를 내는 사람이나 조직에 큰일을 맡기게 되고, 조직에 순응하지 못하고 배타적이며 성과를 나타내지 못하는 사람이나 조직은 점진적으로 도태되는 것이 조직의 원리이다.

사과나무에서 과일을 맺는 원리 속에 기업 경영의 지혜와 경영의 원리가 숨어있다. 농부가 날씨 조건에 맞추어 때를 놓치지 않고 물과 거름을 주고 잡초를 제거해주는 것은 기본과 원칙 준수 정신이다. 뿌리와 줄기, 가지가 한 몸을 이루면서 각기 자기 역할을 다하는 것은 전원 참여, 팀워크 정신이다. 농부가 수시로 과수원을 돌아보며 살피는 것은 눈으로 보는 관리, 현장 중시 경영 정신이다. 화학비료 대신 자연 비료를 주어야 유기농 사과를 얻을 수 있는 것처럼, 직원들의 정성이 담겨야 좋은 품질의 제품을 만들 수 있는 것이다.

## ∴ RBPS 경영 혁신 시스템의 탄생

나는 사과나무에서 찾은 이 경영 이론을 경영 혁신 시스템으로 정리했다. 이것이 바로 RBPS 경영 혁신 시스템이다. 사과나무 경영 원리에는 조직의 기능과 성공적인 조직의 원리도 숨어있다. 사과는 줄기에 달리지 않고 가지에 열린다. 가지에서 좋은 열매를 많이 맺기 위해서는 줄기의 역할이 중요하다. 가지를 잘 지탱하고 뿌리로부터 물과 영양분을 흡수하여 가지에 공급함으로써 많은 열매를 맺을 수 있도록 하기 때문이다. 이와 마찬가지로 기업 구성원이 좋은 성과를 내기 위해서는 줄기에 해당하는 간부들의 역할이 중요하다. 부하 직원과 상사의 관계가 밀접하고 소통이 원활해야 성과가 좋아지는데, 그것은 간부의 리더십에 따라 달라지기 때문이다. 따라서 간부는 항상 열린 마음으로 팀원들을 대하고, 모든 일을 혼자 하려 하지 말고 팀원들의 능력에 따라 적당하게 책임과 권한을 이양해주어야 한다. 그리고 팀원들이 일을 쉽고 바르게 할 수 있는 시스템을 만들어주고, 교육 훈련 등의 지원을 통해 많은 성과를 낼 수 있도록 해야 한다. 또한, 사과나무 성장에 빠뜨릴 수 없는 역할을 하는 태양은 바로 기업의 CEO에 해당한다. 태양이 없으면 사과나무가 열매를 맺을 수 없는 것처럼, 기업에서 CEO의 역할은 절대적이다. CEO는 많은 경험을 바탕으로 자신이 책임지고 있는 조직 전반에 관한 지식을 비롯해 조직의 사명, 가치, 목적 그리고 비전에 관한 분명한 이념과 철학을 갖고 있어야 한다. 그뿐만 아니라 전문적인 능력을 보유하고, 어려운 상황을 헤쳐나갈 힘과 지혜도 갖춰야 한다. 아무리 훌륭한 경영 혁신 시스템이 있다 할지라도 그것이 기업 문화에 스며들지 않으면 무용지물이다. 경영 혁신 시스템이 조직 문화에 흡수되어 정착될 때 그 기업은 지속해서 성장해나갈 수 있으며, 경영자가 바로 그 핵심 역할을 하는 것이다. 또한, CEO는 태양처럼 항상 공평해서 직원들의 신뢰를 얻을 때 직원들은 CEO를 태양처럼 우러러볼 것이다. 품질 좋은 사과 열매를 맺기 위해서 기초가 되는 튼튼한 뿌리는 기업 문화에 해당한다. 뿌리가 튼튼해지려면 토양이 좋아야 한다. 사과나무 경영 이론에서 토양의 품질은 곧 환경 품질과 같다. 『영농교본』에 "농사의 시작은 흙이며, 끝도 흙이다."라는 말이 있다. 사과나무에서 근간이 되는 것이 토양인 것처럼, 기업 활동에서 가장 기본이 되는 것은 환경이다. 기업 문화는 바로 기업 환경에서 비롯되고 장수 기업의 기반이 된다. 같은 사과나무라도 화학비료 대신 자연

비료인 퇴비로 키우면 유기농 사과를 얻을 수 있듯이, 깨끗한 작업 환경에서 깨끗하고 정직한 마음으로 제품을 만들 때 고객이 만족하는 유기 품질의 제품을 만들 수 있는 것이다. 사과나무에서 기초가 되는 것이 토양인 것처럼 기업 혁신의 기본이 되는 것은 환경이다. 환경이 깨끗해지면 직원들의 의식이 바뀌어 질서와 안전이 확보되고, 상호 협력적 근무 환경이 확립된다. 환경이 깨끗해지면 직원들의 마음도 깨끗해져서 상호 신뢰를 바탕으로 기본과 원칙을 준수하고, 맡은 바 업무에 충실하게 된다. 일에 대한 책임감과 주인 정신 함양으로 윈-윈 노사 문화가 형성된다. 깨끗한 환경과 깨끗한 마음으로 제품을 만들면 고객이 만족하는 최고 품질의 제품을 만들어 일류 기업의 꿈을 실현할 수 있게 된다.

## ∷ RBPS 솔선수범 혁신 리더십

우리나라 국민이 가장 존경하는 역사 속 인물 중에 이순신 장군을 빼놓을 수 없다. 이순신 장군의 가장 큰 장점은 바로 책임감일 것이다. 경영 관련 서적 중 이순신 장군의 리더십에 대해 언급하는 것이 적지 않고, 많은 경영자가 이순신 장군을 롤모델로 삼으며 다양한 경영 해법을 배운다. 이순신 장군이 우리에게 주는 핵심 교훈은 뜨거운 도전 정신과 솔선수범의 리더십, 그리고 불굴의 의지라고 생각한다. 또한, 이러한 강점들은 바로 책임감을 바탕으로 하고 있다. 이순신 장군이 싸우는 전투마다 승리할 수 있었던 가장 큰 힘은 바로 나라를 지켜야 한다는 투철한 책임감이다. 명량해전은 이순신 장군이 가장 극한 상황에서 치러낸 전투이다. 이순신 장군이 가진 것은 단 12척의 배와 전의를 완전히 상실한 군사들뿐이었다. 승리를 안겨주던 거북선마저 없었다. 하지만 이순신 장군은 열악한 상황을 극복하고 단 12척의 배로 130척의 일본군에 맞서 승리했다. 그러한 절체절명의 위기에서 승리할 수 있었던 것은 바로 책임감에서 비롯된 불굴의 정신과 솔선수범하는 리더십 때문이다. 이순신 장군은 "죽고자 하는 이는 살 것이요, 살고자 하는 이는 죽을 것이다."라고 외치며 누구보다 앞서 돌진했다. 그런 이순신 장군의 모습을 보고 병사들은 자신감을 얻어 목숨을 바치겠다는 각오로 전투에 임했다. 그리고 결국 이순신 장군과 우리 수군은 명량대첩이라는 세계 해전사에 길이 남을 위대한 승리를 만들어냈다.

책임감은 우리가 살아감에 있어 어떤 일을 하던 가장 중요한 요소이다. 책임감 있는 사람이 자기 삶의 주인공이 되고, 그런 사람이 직장을 비롯하여 다양한 조직에서 역량을 발휘하며 리더가 되는 것이다. 책임감은 사람이 지닐 수 있는 가장 중요한 능력 중의 하나이다. 사람은 어떤 일에 직접 나서서 '제가 책임지겠습니다.'라고 하는 순간 무한한 잠재력이 생긴다. 당신이 자기가 맡은 일을 책임지지 않는다면 자기 삶의 주도권을 포기하는 것이다. 존 맥스웰의 『어떻게 배울 것인가』라는 책에 나오는 이야기다. 어떤 일에 내가 책임진다는 생각을 하는 순간 많은 변화가 일어난다. 책임감은 주도적인 생각을 하게 하기 때문이다. 주도적인 생각은 긍정적, 적극적, 확장적 특성을 갖는다. 주도적인 생각을 하게 되면 적극적인 에너지가 생겨서 자신의 노력을 영향력의 원에 집중시킴으로써 하고자 하는 일에 강력한 영향력을 발휘할 수 있게 한다. 책임감이 없는 사람은 자기의 관심을 다른 사람의 약점, 환경상의 문제, 그리고 자신이 통제하지 못하는 여건에 집중시켜서 비난하고 책망하는 데 급급하다. 그뿐만 아니라 불평불만하는 동안에 오히려 피해 의식이 커지는 결과만 초래한다. 결과적으로 일의 중심에서 멀어지게 되는 것이다. 이렇듯 책임의식은 자기 성장의 본질이다. 책임감(Responsibility)이란 자신이 어떻게 반응할지를 선택할 수 있는 능력(Response-ability)을 말한다. 책임감이 강한 사람은 자신의 행동에 대해 분위기, 주변 여건, 무슨 영향 때문이라는 등의 핑계를 대지 않는다. 주도적인 사람의 행동은 자신의 가치관에 기초를 둔 의식적 선택의 결과이지, 기분에 좌우되고 주변 여건에 영향을 받아 이뤄진 결과가 아니기 때문이다. 어떤 일을 하든지 주도적으로 하고 책임도 질 수 있는 사람이 남보다 앞서가는 성공하는 사람이 되는 것은 당연하고 자명한 일이다. 책임감을 느끼고 일하는 사람은 항상 일에 대한 성취감을 맛보며, 때로 실패한다 할지라도 실패에 대한 책임을 지고, 그 교훈을 통해 성장의 발판을 마련한다. RBPS 혁신 시스템의 핵심 습관인 아침 행사는 청소라는 행동 개혁을 통해서 주도적인 사고와 책임 의식을 훈련하는 한 과정이다. 내가 생활하는 환경과 장비를 자신이 직접 청소하고 관리하는 행동을 통해서 얻어지는 습관은 내 작업장을 나 스스로 주도적으로 관리하고, 내가 한 일에 대해서는 내가 책임을 진다는 책임 습관을 형성해준다. 헨리 데이비드 소로는 "주도적인 노력으로 스스로 인생을 고결하게 하는 인간의 불가사의한 능력보다 더욱 고무적인 것은 없다."라고 했다. 내가 일하는 일터는 내가 주인이다. 내가 매일 일하는 내 일터에 대해 나보다 더 잘 아는 사람은 없다. 청소도 내가 하고, 장비 관리도 내가 주도적으로 해야 한다. 내가 만드는 제품의 품질도 내가 책임진다는 생각을 가지고 일하면 근무 의욕과 학습 의욕이 생겨나고, 주도적으로 일을 처리하는 능력이 생겨난다. 그 결과 개인과 회사가 긍정적인 영향력의 원을 키워나갈 수 있는 성공의 발판을 마련하게 되는 것이다.

회사뿐만 아니라 정치 지도자들에게도 책임 정신은 마찬가지라고 생각한다. 누군가가 군수, 도지사, 시장에 당선되면 제일 먼저 해야 할 일은 본인이 관리해야 할 관할구역(Responsible Boundary)을 직접 한 번쯤 돌아보는 일이어야 한다. 만약 임기가 다 지나도록 관할구역 중 한 번도 돌아보지 않은 곳이 있다면 소임을 다했다고 이야기하기 어려울 것이다. 나는 회사에서 누군가 새로운 임원으로 임명되면 그에게 가장 먼저 책임 관리 구역을 알려주고, 책상 앞에 구역도를 비치하여 숙지하도록 한다. 그리고 얼마 후에 회사 전체 레이아웃 도면을 놓고 자기의 관리 구역을 직접 그려보도록 한다. 또한, 최소 하루에 1회 이상 관리 구역을 돌아보는 것을 습관화하도록 훈련하고 있다. 국가 간의 분쟁에서 항상 문제가 생기기 쉬운 곳이 경계 구역인 것처럼, 업무에서도 누수 현상이 발생하기 쉬운 곳도 업무 분장의 경계선이다. 만약 우리나라 역대 국가 지도자들이 이런 개념을 가지고 나라를 경영했다면 독도 문제 같은 분쟁도 없었을 것이다. 리더가 가져야 할 가장 중요한 자세는 자기에게 주어진 관리범위와 업무 범위에 대한 책임을 지는 것이다. RBPS 혁신 리더십은 모든 리더가 솔선수범을 통해 자기가 맡은 일에 대한 책임을 지는 것이다.

## ∷ RBPS 혁신의 핵심 습관, 15분 아침 청소

콘크리트 벽에 못을 박을 때도 돌멩이로 박는 것보다는 망치로 박는 것이 편리하고, 망치보다는 전동 드릴을 사용하면 더 쉽고 안전하게 박을 수 있다. 효율적인 혁신을 위해서는 혁신의 툴이 필요하고, 이것이 훈련을 통해 조직 내에 정착되어야 한다. 중견기업 한양정밀 사장으로 일을 시작할 때다. 김포 양촌 산업 단지 내에 신규 공장을 건설했다. 공단을 조성하고 있던 시기라 공장 주변이 어수선한 상황이었다. 새 공장을 지으면서 체력 단련장, 교육장, 식당, 조경 등 직원 복지시설을 만드는 데 정성을 쏟았다. 어느 회사 못지않게 깨끗하고 널찍한 식당도 만들었다. 직원들이 모두 좋아했다. 그런데 문제가 생겼다. 며칠 지나자 식당 안이 오염되기 시작하는 것이다. 식사 시간이 끝나면 깨끗한 식당 바닥에 발자국이 선명하게 보일 정도로 지저분해졌다. 식당으로 올라가는 층계는 흙투성이다. 공장 주변이 지저분하니까 식당이 오염되는 것이다. 이 문제를 어떻게 해결할 것인가? 아침 일찍 출근해서 공장 주변을 자세히 돌아보며 생각에 잠겼다.

다음 날 아침, 근무 시작 30분 전에 출근해서 혼자 빗자루를 들고 정문 주변 청소를 시작했다. 공장이 깨끗해지려면 출입구가 깨끗해야 하는데, 당시만 해도 공단 조성이 끝나지 않아 공장 주변이 어수선했다. 아침 청소를 시작한 지 며칠이 지나자 한 임원이 와서 "사장님, 빗자루 주세요. 제가 하겠습니다." 했다. "김 전무, 나는 청소를 계속할 생각이니 하고 싶으면 함께 합시다." 임원들과 함께 한 달가량 매일 아침 청소를 하니 정문 주변이 깨끗해졌다. 어느 날 나는 아침 청소를 마친 후 임원들과 커피를 한잔하면서 이렇게 제안했다 "이제 정문 앞은 많이 깨끗해져서 나 혼자 해도 될 것 같아요. 여러분들도 계속 청소를 하고 싶으면 여러분 공장 앞에 가서 하면 좋겠어요." 공장장들이 공장 입구에서 청소하면서 부서장, 감독자들이 빗자루를 들기 시작했고, 전 직원이 근무 시작 전 자기 작업장 주변을 청소하고 일을 시작하는 아침 청소 운동으로 정착되어갔다. 이렇게 몇 달이 지나니 작업화를 신고 식당에 들어가도 오염되지 않는 환경이 되었고, 공장 바닥도 식당 수준으로 깨끗해졌다. 먼지 없는 일할 맛 나는 공장이 된 것이다. 직원들의 의식 개혁을 바탕으로 안전사고, 장비 고장이 점차 줄었다. 생산성이 향상되었고, 품질도 획기적으로 좋아졌다. 그해 이 회사는 대한민국기업혁신 대상을 받았다. 국내외 많은 기업이 벤치마킹하러 오는 혁신의 모델 공장이 되었다. 빗자루 하나로 시작된 혁신 운동이 직원들의 의식을 바꾸고, 회사를 바꾸었다. 이 회사는 전 직원이 매일 아침 청소로 하루를 시작하는 것이 습관화되어있다. 큰 혁신도 작은 혁신으로부터 시작되고, 큰 성공 습관도 작은 습관으로부터 시작된다.『습관의 힘』저자 찰스 두히그는 이것을 핵심 습관이라고 했다. 이 회사의 아침 청소는 RBPS 혁신의 핵심 습관이다. 빗자루에는 사람의 의식을 바꾸는 마법의 힘이 있다.

## ∷ 사고 예방의 길잡이 안전 품질 책임제(Safety Map System)

GM코리아에 근무할 때의 일이다. 어느 회사나 안전에 관한 관심이 지대하지만, 특히 GM은 모든 업무에 안전이 최우선인 기업 문화를 가지고 있다. 정해진 안전 보호구를 착용하지 않으면 지위 고하를 막론하고 공장 출입이 통제된다. 공장 내 보행 시도 노란색으로 표시된 안전 통로를 통해서만 이동할 수 있다. 모든 직급의 관리자들은 의무적으로 안전 점검을 해야 한다. 2002년 GM이 대우자동차를 인수한 후 초대 사장이었던 닉 라일리 사장이 부평 공장 안전 점검을 하는 날이다. 당시 부평 사업본부장이었던 나는 현장을 안내하면서 "사장님, 저희 공장은 주기적인 안전 점검 외에 '안전 품질 책임제(Safety Map System)'라는 새로운 시스템을 개발하여 안전 개선 활동에 매진한 결과 금년도 무사고 기록을 달성했습니다."라고 말했다. 며칠 후 사장실에서 전갈이 왔다. 회사 중역들이 모두 참석하는 경영전략 회의에서 '안전 품질 책임제'에 관한 프레젠테이션을 해달라는 것이다. 이날 나는 안전 품질 책임제에 관한 자세한 설명을 하게 되었고, 그 후 이 시스템은 GM 안전 표준에 등재되어 지금까지도 활용되고 있다. 그 당시 부평 공장 면적은 약 30만 평이고, 직원 수는 12,000명이나 되었다. 리더 몇 사람이 그 넓은 공장에 산재해있는 수많은 시설물과 설비 등을 점검한다는 것은 한계가 있다. 12,000명 전원이 자기가 일하는 환경의 안전을 스스로 책임지고 살피고 개선한다면 그 효과는 지대한 것이다. 안전 품질 책임제는 모든 조직 내에 책임 관리 구역을 정하고, 안전 지도를 비치하여 안전 위험 요소를 원류적으로 개선하는 눈으로 보는 안전 관리 시스템이다. 안전 품질 책임제 시스템이 현장에 정착되면 모든 사람이 항시 안전에 관심을 가지고 일하게 되므로 안전사고를 예방하고 개선함으로써 안전사고 예방에 획기적인 효과를 가져올 수 있다. 부평 공장의 안전 요원은 12,000명인 셈이다. 삼풍백화점 붕괴나 세월호의 침몰도 어느 날 갑자기 생겨난 것이 아니다. 삼풍백화점이나 세월호 입구에 안전 지도를 붙여놓고 일상 관리를 했다면 아마도 그런 대형사고는 일어나지 않았을 것이다. 안전사고 예방은 모든 사람의 책임이다.

## ∷ 창조적인 지식 근로자를 육성하는 RBPS Map

문제 해결의 답은 현장에 있다. 현장을 가장 잘 아는 사람은 그 공정에서 일하는 근로자들이다. 근로자들은 매일 그 작업장에서 같은 일을 반복하고 있어서 그 공정에 대해서는 누구보다 전문가이다. 그런 근로자들이 일하는 과정에서 현장에 널려있는 수많은 문제를 스스로 찾아내어 개선한다면 현장에 놀라운 변화가 일어난다는 건 자명한 사실이다. 경험 많은 작업자를 단순 근로자로 만드느냐, 항상 개선을 생각하며 일하는 지식 근로자로 만드느냐는 모두 리더의 몫이다. 만일 작업자들의 머릿속 아이디어들을 밖으로 끄집어내 활용한다면 혁신을 불러올 수 있는데도 그렇게 하지 못한다는 것은 엄청난 낭비가 아닐 수 없다. 오퍼레이터들로부터 많은 아이디어를 끄집어내 창의적인 작업 현장을 조성함으로써 혁신을 가속화하기 위해 만들어낸 도구가 바로 RBPS Map이다. 작업자들은 작업 과정에서 생각해낸 개선 아이디어를 작업장마다 게시되어있는 RBPS Map에 개선 위치를 표시하고, 문제점을 등록한 다음 문제를 해결해나가는, 눈으로 보는 문제 해결 시스템이다. RBPS Map은 마치 현장에 널려있는 개선 아이디어를 긁어모으는 그물과 같은 역할을 하는 것이다. 안전 지도가 주로 안전에 관한 문제만을 집중하여 개선하는 툴이라면, RBPS Map은 안전 문제를 포함해서 품질 문제, 기계 설비 문제, 생산성, 원가 문제 등 생산과 관련된 모든 문제를 누구나 아우른다고 할 수 있다.

RBPS Map을 적용한 지 6개월 정도가 지나자 이 제도는 전사적으로, 그리고 경쟁적으로 확산되어나갔다. 제안도 급속도로 늘어났고, 근로자들의 얼굴이 더욱 긍정적인 모습으로 밝아지기 시작했다. RBPS Map이라는 툴이 현장에 정착되면 작업자 입장에서는 우선 애로사항이 개선되고, 제안이 늘어나 제안 상금도 받을 수 있다. 그런데 그보다 더 근본적이고 고무적인 장점은 주어진 일만 하는 단순 근로자가 아니라 생각하면서 일하는 지식 근로자 육성이 가능하다는 점이다. 또한, 이 활동은 현장과 관리 감독자 간 의사소통의 기회가 되어 노사 안정에도 도움이 되며, 넓은 의미에서의 근로자 경영 참여의 기회가 된다. 기업의 지속 성장을 위해서는 일을 효율적으로 수행하도록 하는 툴이 시스템적으로 정착되어야 한다. 그동안 혁신 경험을 통해 구축한 RBPS 혁신 시스템에는 아침 행사(Morning Event), 안전 지도 (Safety Map), 혁신 지도(RBPS Map) 외에도 품질 확보 시스템(Quality Morning Meeting), 설비 보전을 위한 RBPS TPM, 가정 RBPS, RBPS 혁신 진단표 등 많은 혁신 툴이 만들어져 시스템으로 정착되어 BBPS 혁신 시스템을 뒷받침하고 있다.

PART5_ 나의 퍼스널 브랜드 'RBPS'

## 06
# RBPS 경영 혁신 성공 사례

∴ **부도기업에서 GM 계열사 최고 실적을 이룬 대우자동차 부평 공장**

2000년, 대우자동차 부도 이후 당장에라도 문을 닫을 듯 연일 신문과 방송을 장식하던 회사, 강성 노조와 폐업이라는 극한 노사 대립의 대명사, 생산성 최악의 기업, 1,750명이라는 유례없는 정리 해고, 끝내 GM도 인수를 포기한 회사, 지역 경제는 물론 한국 경제까지 위기로 내몰았다는 오명을 써야 했던 기업. 이 모든 것들이 내가 대우자동차 부평 사업 본부장으로 있을 당시 부평 공장을 규정하는 말들이었다. 그로부터 3년 후 노사 협력을 바탕으로 놀라운 혁신을 이루어 생산 현장은 사무실보다도 더 깨끗해졌다. 자율적 개선 활동 250%, 안전도 54%, 품질 50%, 목표 관리 61%, 원가 관리 32% 향상을 이루었다. GM이 부평 공장을 인수하게 되면서 당시 릭 왜그너 GM 회장은 "전 세계 GM 계열 임원들은 대우자동차 부평 공장을 학습하라."라고 했고, 『월스트리트 저널』은 당시 부평 공장을 일컬어 GM의 숨은 보석(GM'S Hidden Gem)이라고 표현했다. 2004년 4월 디트로이트 전 세계 GM 임원진 경영자 회의에서는 대우자동차의 사례가 영상 자료로 보고될 만큼 놀라운 혁신을 이루었다.

최악의 기업에서 단 3년 만에 세계 최고의 기업들이 벤치마킹하고, 소리소문없이 1만 명이 넘는 대기업, 중소기업 직원들이 직접 방문하여 학습하고 간 그들의 비밀은 무엇인가? 그 배경에는 RBPS 혁신 시스템이 있었다. 부평 공장은 극심한 노사 갈등과 부도 사태, 법정 관리, 그리고 구조조정 과정에서의 정리 해고와 그 이후의 재입사 과정에서의 갈등 등 많은 어려움을 극복하고 기적같이 부활했다. 아무도 예상하지 못했고, 모두가 포기했던 상황에서 만들어낸 기적 같은 3년간의 혁신 이야기, 바로 그 드라마보다 더 드라마틱한 이야기가 베스트셀러인『우리는 우리를 넘어섰다』에 소상히 담겨있다. 최악의 상황에서도 성과를 입증한 대우 부평 공장의 환경 품질 책임제 혁신 시스템은 이제 공장을 넘어 각 가정과 사무실, 그리고 지역과 해외에서도 그 진가가 확인되고 있다.

∴ 벤치마킹하던 기업에서 벤치마킹 대상 기업으로 기적을 이룬 한양정밀

GM도 놀란 한국형 창조 경영 혁신 시스템 RBPS! GM, 두산인프라코어, 삼성전기, LG화학, 현대, 대한항공, 효성중공업, 한국델파이, 동양기전, 풀무원 등 국내외 굴지의 대기업 임직원들이 잇따라 벤치마킹을 하면서 화제가 된 기업 한양정밀. 한양정밀은 여느 중소기업과 다름없이 인력난과 잦은 인원 변동 등으로 경영의 어려움을 겪던 회사에서 4년 만에 생산성 43% 향상, 품질 개선 80%, 안전 사고율 90% 감소, 제안 250% 향상 등의 놀라운 성과를 거두었다.

그 결과 한양정밀은 벤치마킹하던 기업에서 벤치마킹 대상 기업으로 변신하여 국내외 많은 기업이 방문하는 혁신의 대명사인 회사가 되었다. 2014년도에는 제21회 대한민국기업혁신 대상 시상식에서 중소기업 분야 최고상인 대통령상을 수상하였으며, 나도 같은 해 전국 아이디어대상 CEO혁신 대상을 받았다. 저성장기의 불안한 경영 환경 속에서도 기적 같은 경영 혁신을 통해 성장해가고 있는 한양정밀의 혁신의 비밀은 바로 RBPS 혁신 시스템에 있었다. 국내 한 중소기업이 어떻게 글로벌 기업들이 벤치마킹하는 기업으로 놀라운 성장을 할 수 있었는지, 저성장 시대를 타개하기 위한 한국형 창조 경영 혁신 시스템은 무엇인지, 이에 따른 국내 기업들의 생존 전략은 무엇인지, 그 해답을 나는 『혁신의 비밀』이라는 책에 소상하게 기록했다.

## ∷ 척박한 땅에서도 잘 자라나는 'RBPS 사과나무'

1997년 대우자동차가 세계 경영의 일환으로 우크라이나와 합작 자동차 회사를 설립하게 되면서 나는 그곳 공장장으로 발령이 났다. 아직 공산주의 냄새가 채 가시지 않은 땅 우크라이나, 백만 평이나 되는 부지 위에 60여 년이 지난 낡은 건물들, 여기저기서 물이 새고 오랫동안 공장을 사용하지 않아 대부분 설비가 녹이 나 있고, 먼지투성이인 공장, 영하 30도가 넘는 스산한 공장 안에는 개들만 여기저기 돌아다니고 있었다. 사무실에 들어서 보니 복도 좌우로 방이 즐비하게 있다. 직급과 관계없이 모두 독방을 차지하고 일하고 있었다. 관리자들은 말로만 지시하고 손 하나 까딱하지 않는 문화다. 영어도 통하지 않아 의사소통조차 어려웠다.

  추운 겨울에 함께 파견된 직원들과 청소부터 시작했다. 처음에는 공장 내부로부터 시작하여 100만 평이나 되는 전 공장에 청소 운동을 벌였다. 환경 혁신과 병행해서 RBPS 혁신 시스템의 러시아어 교재를 만들어 교육해가면서 혁신 운동을 접목해나갔다. 환경이 깨끗해지면서 직원들의 의식이 점차 바뀌기 시작했고, 깨끗한 공장에서 일하는 것에 대한 자부심을 느끼기 시작했다. 그로부터 3년 만에 우크라이나 자포로지 공장은 구소련 지역에서 볼 수 없는 가장 깨끗한 공장이 되어 벤치마킹 대상 공장이 되었다. 당시 쿠쯔마 우크라이나 대통령도 회사를 방문해 극찬을 아끼지 않았다. 그 후 품질 좋은 차를 만들어 회사의 손익이 좋아지면서 자포로지 공장보다 3배 이상 규모가 큰 폴란드 FSO 공장도 인수하게 되었다. RBPS 사과나무는 이렇게 척박한 땅에서도 잘 자란다는 것을 증명해보였다. 이 외에도 RBPS 사과나무는 국내외 곳곳에서 뿌리를 내리고 자라 열매를 맺고 있다.

PART 5_ 나의 퍼스널 브랜드 'RBPS'

## 07
# 기업의 장수 조건은 기업 문화다

　✎ 몇 해 전 남태평양의 흑진주라고 불리는 피지 섬으로 휴가를 다녀온 적이 있다. 피지의 나디 공항에 내려 골프 선수 비제이싱이 어려서 훈련했다는 유명한 골프장이 있는 데나리우 아일랜드 쪽으로 가다 보면 오른편에 잠자는 거인 공원(Sleeping Giant Garden)이 보인다. 그곳에는 많은 희귀 식물들과 나무가 어우러져 있는데, 여기에 있는 '박하'라는 나무는 워낙 커서 바로 한눈에 들어 온다. 키가 약 60m나 되는데, 뿌리는 파리의 에펠탑 아랫부분의 철골 구조만큼이나 튼튼하다. 비바람이 많은 이런 섬에서 어떻게 나무가 100년이 넘도록 이렇게 높이 자랄 수 있는지 놀랍다.

　폴란드에는 유난히 공원이 많은데 어떤 공원의 크기는 상상을 초월한다. 그중에서 가장 유명한 공원이 바르샤바 인근에 있는 폽신 공원이다. 사방이 5km나 되고 울창한 숲으로 가득하다. 공원 안에 들어서면 한여름에도 햇빛 보기가 어려울 정도로 나무가 울창하고 시원해서 주재원 시절 자주 찾곤 했던 곳이다. 그 공원 입구에 가면 탐스럽게 잘 자란 참나무과에 속하는 '헤트만'이라는 나무가 한 그루 서있다. 그 나무는 줄기 둘레가 약 8m나 되고 높이는 50m가량 되는, 대칭으로 가지와 잎이 무성하게 이상적으로 잘 자란 나무다. 유난히 크고 오래된 나무라서 바르샤바 시에서는 이 나무를 천연기념물로 지정하여 보호하고 있다. 그런데 이 나무에 문제가 생기기 시작했다. 줄기 한가운데가 갈라지기 시작한 것이다. 이 나무를 보호하기 위해 시에서는 나무 주위에 울타리를 쳐서 사람 출입을 통제하고 있다. 버팀목으로 나뭇가지를 받쳐서 더 이상 줄기가 갈라지지 않도록 긴급 조치를 해놓은 모습을 볼 수 있다. 원상 복구가 될 수 있을지 아무도 모르는 상황이다. 한 번 갈라지기 시작한 줄기는 다시 붙기 어렵기 때문이다.

이 두 나무의 모습을 통해서 장수 기업의 지혜를 찾을 수 있다. 기업의 수명은 얼마나 될까? 의학의 발전과 체계적인 질병 관리 덕분에 인간은 수명이 늘어나서 100세 시대를 맞이하고 있다. 그러나 기업의 수명은 기술이 발달하고 사람의 지혜가 늘어남에도 불구하고 점점 짧아져만 가고 있다. 대한상공회의소 자료에 의하면 일본 기업의 평균수명은 35.6년이고, 우리나라 중소기업의 평균수명은 12.3년에 불과하다고 한다. 앞으로 급변하는 기업 환경과 제4차 산업혁명의 소용돌이 속에서 변화에 대응하지 못하는 기업들은 그 수명이 더욱 짧아질 전망이다.

나무가 높게 자라려면 줄기가 튼튼해야 하고 줄기가 튼튼해지려면 뿌리가 튼튼해야 한다. 뿌리가 튼튼해지려면 토양이 좋아야 한다. 한 줄기에 너무 많은 가지와 잎이 무성하면 줄기가 무게를 견디지 못하고 갈라지기 때문에 필요하다면 적기에 가지치기를 해주어야 한다. 기업 경영을 나무에 비유하면 줄기는 리더이고 가지는 종업원이며, 뿌리는 기업 문화, 토양은 환경이다. 장수하는 기업을 보면 CEO가 남다른 경영 철학을 가지고 있다. 직원들이 공감하는 기업의 사명과 비전이 있고, 사람 중심의 혁신적인 기업 문화가 있다. 지속 성장이 가능한 경영 혁신 시스템과 급변하는 경영 환경에 대응하기 위한 미래 예측 기술도 있다. 건강을 위해 사람도 해마다 건강검진을 받는 것처럼, 주기적인 경영진단을 통해 취약 부분을 사전에 발견해서 필요하다면 적기에 구조조정으로 군살을 빼기도 한다. 나무는 뿌리가 튼튼해야 높게 자라는 것처럼 기업은 기업 문화가 살아있어야 장수한다. 기업이 장수하기 위해서 후손에게 물려주어야 할 것은 많은 재산이 아니라 기업의 뿌리가 되는 기업 문화다.

PART 6_ 혁신 성공 리더십

01

# 태양 리더십

📎 사람은 나이 들면서 모두 리더가 된다. 작게는 한 가정의 리더가 되고, 친구, 동호회 모임의 리더도 될 수 있다. 능력에 따라 회사, 사회에서 더 큰 리더가 된다. 어떤 조직이든 리더의 리더십에 큰 영향을 받는다. 리더는 조직을 이끌 수 있는 리더십이 있어야 한다. 리더십도 시대에 따라 변한다. 이순신 장군처럼 출중한 리더 한 사람이 조직 전체를 움직이던 시대가 있었는가 하면, 조직원 전체의 능동적인 참여 환경을 만들어 성과를 도출하도록 하는 팀 리더십도 있다. 리더십은 시대와 환경에 따라 변하기 때문에 상황 리더십(SITUATIONAL LEADERSHIP)도 등장한다. 리더십은 많은 사람에 의해서 지속해서 연구·발전되지만, 시대와 환경의 변화에 영향을 받지 않는 만고불변의 리더십은 역시 자연에서 배우는 리더십이다. 태양으로부터 배우는 리더십이 태양 리더십이다.

첫째, 태양은 무한대의 에너지를 가지고 있다. 태양에너지는 막대하지만, 지구에 오는 것은 극히 일부이며, 그중에서도 70%만 지구에 흡수되고, 30%는 다시 우주로 반사되어 나간다. 리더는 자기가 이끄는 조직에서 필요로 하는 역량 이상의 능력을 갖추고 있어야 한다. 그리고 사용한 능력만큼 항상 보충하는 시스템을 가지고 있어야 롱런할 수 있다. 자기 계발을 위해서 항상 노력하지 않고 가진 능력을 사용만 하는 리더는 머지않아 리더십이 소진되어 조직을 잘 이끌기 어렵게 된다. 능력이 부족한 사람이 조직을 이끌다 보면 그 조직이 바로 갈 수 없을 뿐만 아니라 리더 자신도 불행하게 되는 경우를 우리는 주위에서 종종 보게 된다.

둘째, 태양이 태양계를 골고루 비추어 유익을 주는 것처럼 리더는 모든 사람에게 공평하고 투명해야 하며, 사회에 유익을 줄 수 있어야 한다. 태양계가 태양 주위 천체의 궤도를 행성 운동 법칙에 따라 일말의 오차도 없이 움직이는 시스템을 가지고 있는 것처럼 리더는 조직의 비전을 달성하기 위한 시스템을 구축하고, 조직이 사람 중심이 아니라 시스템 중심으로 움직이도록 하여야 한다. 조직이 친인척, 선후배 관계 등의 영향을 받아 공정과 형평을 잃으면 조직에 균열이 생기게 된다. 리더십의 생명은 공평성과 투명성이다.

셋째, 태양은 막강한 힘을 가지면서도 따뜻한 것처럼 리더는 카리스마를 가지되, 따뜻한 카리스마를 가지고 있어야 사람이 따른다. 리더는 엄격하면서도 한편으로는 부하를 가족처럼 생각하고 애정을 가지고 대해서 항상 부하로부터 존경을 받도록 하여야 하며, 직원들이 창의력을 발휘할 수 있는 환경을 만들어 팀워크를 통해 성과를 내도록 하여야 한다.

넷째, 태양이 어두운 곳을 비출 때 더 빛이 나는 것처럼, 리더는 잘되고 있는 일보다 잘 안 되는 곳을 찾아 해결해주는 데 더 많은 시간을 할애해야 한다. 리더는 능력이 있는 부하들에게는 과감하게 권한 이양을 통해 보람과 성취감을 느끼도록 창조 환경을 만들어주어야 한다. 능력이 부족한 부하들에게는 지속적인 교육 훈련과 능력 향상을 위한 지도를 아끼지 말아야 하며, 사회적 책임도 다해야 한다. 태양 리더십으로 부하를 대할 때 부하들은 태양을 쳐다보듯이 리더를 존경하는 마음으로 우러러볼 것이다.

PART 6 _ 혁신 성공 리더십

## 02 팽이 리더십

📎 어린 시절을 시골에서 보낸 사람들은 팽이치기 놀이가 기억날 것이다. 내가 어릴 적에는 시골에 별다른 놀이기구가 없어서 아이들이 모이면 딱지치기, 제기차기, 팽이치기 놀이를 하면서 즐거운 시간을 보내곤 했다. 팽이치기 놀이는 주로 겨울철 얼음판 위에서 즐기는 놀이이다. 이 놀이를 위해서는 팽이와 팽이채가 필요하다. 팽이는 소나무나 박달나무같이 무겁고 단단한 나무를 잘라서 콘(CONE) 타입으로 깎아 대칭이 되게 만든다. 밑 부분에는 팽이가 잘 돌도록 쇠구슬 따위의 심을 박는다. 팽이채는 길이가 약 50cm 정도의 곧은 막대기에 적당한 길이의 끈을 달아 만든다. 팽이를 돌리는 방법은 처음에 두 손으로 잡고 돌리기를 시작하거나 끈을 팽이 몸통에 감았다가 잡아당겨서 돌아가게 한 다음, 팽이가 계속 돌아가도록 팽이채로 쳐주곤 한다. 팽이가 돌아가는 원리에서 우리는 새로운 시대의 성공 리더십을 배울 수가 있다. 팽이가 돌아가는 중심축은 팽이의 밑 부분에 있는 쇠구슬 부위이다. 구슬 부위가 리더의 위치이다. 쇠구슬 부위가 잘 돌아야 팽이가 계속 돌아간

다. 쇠구슬 부위가 멈추면 팽이도 멈추게 된다. 리더가 상부에 있고 부하가 밑에 있는 삼각형 조직을 거꾸로 놓은 조직이 팽이 조직이다.

관리 중에 가장 초보적인 관리는 공사 판형 관리이다. 과거 공사장에 가 보면 십장이 "이봐, 이번엔 삽질해."라든가 광산이나 토목 공사장에서 "갱차를 밀어."라든가, 관리자는 계속해서 그 자리에서 지시하고 있다. 일하는 사람들은 '이번에는 무엇을 시킬까, 지겹다.'라고 생각하면서 시킨 일만 억지로 한다. 될 수 있으면 조금이라도 일을 덜 하려고 한다. 과거 전통적인 조직의 리더 위치는 언제나 조직의 상부에 있으면서 종업원들에게 명령하고 지시하는 지시형 리더였다. 이때의 리더들은 종업원의 참여나 감동 같은 것은 그리 중요하게 생각하지 않았다. 이런 조직에서는 종업원은 주로 지시된 일만 하고 창의력을 발휘할 생각을 하지 않고 책임 의식도 없었다. 국가나 공공단체가 특정한 공익사업을 위하여 무보수로 국민에게 부여하는 의무적인 노동을 '부역'이라고 하는데, "부역을 하면서 땀을 흘리면 삼 대가 망한다."라는 농담도 있다. 조직에서 직원들이 부역하듯이 피동적으로 움직이게 되면 능률이 저하되고 창의력이 나올 수가 없다.

지금은 정보화 시대이다. 한 사람의 뛰어난 지혜보다는 여러 사람의 지혜를 끌어모을 수 있는 리더십이 필요하다. 리더가 피라미드형 조직의 상위에 있으면서 지시하고 보고받는 형국에서는 직원들이 피동적으로 되기 쉽다. 혁신 조직에서는 피라미드를 거꾸로 세운 조직이 되어야 한다. 리더가 항상 조직의 하부에 있어 직원들과 일체가 되어 함께 움직여야 한다. 직원들은 리더의 위치에 따라 움직임이 달라진다. 직원들은 리더와 한팀이라는 생각을 가질 때 최선을 다하고 능력을 발휘하게 된다. 이때 전원 참여와 지속적인 개선이 이루어져서 더 큰 성과를 만들어낼 수 있다. 지금 내가 리드하는 조직이 피동적이라고 생각되는가? 나의 위치가 팽이의 쇠구슬 위치인지, 팽이채의 위치인지 한번 점검해볼 일이다. 만약 팽이채의 위치에 있다면 내가 잠깐이라도 자리를 비우면 팽이는 곧 쓰러지게 될 것이다.

PART 6 _ 혁 신 성 공 리 더 십

## 03
# 물맴이 리더십

지금은 좀처럼 볼 수 없는 추억의 벌레가 되었지만, 내가 어릴 적에는 물이 조금씩 흐르는 계곡이나 물이 고여있는 연못을 들여다보면 소금쟁이처럼 아주 작은 곤충이 떼를 지어 재빠르게 요리조리 헤엄치는 것을 흔히 볼 수 있었다. 물맴이는 잠시도 쉬지 않고 물 위에서 맴을 돈다고 해서 물맴이라는 이름이 붙여진 것 같다. 물맴이의 맴도는 모습을 보면 8자를 그리면서 작은 원을 그리다가 차례로 이동하면서 연못 전체를 섭렵한다. 글자 공부를 하는 것인지 춤을 추는 것인지 알 수가 없다. 물맴이의 눈은 위아래로 나누어져 있어 위쪽은 날아다니는 곤충을 보고, 아래쪽 눈은 물 위에 떨어진 곤충을 볼 수 있다. 적을 만나면 재빨리 물 밑으로 내려가 숨고, 사람이 손으로 잡으면 무당벌레처럼 냄새를 피우는 안전장치도 가지고 있다.

조직을 성공적으로 이끌려면 비전, 전략, 시스템이 필요하고 솔선수범 리더십과 문제 해결 능력이 있어야 한다. 리더가 하는 일 중의 많은 부분은 하부 조직에서 풀기 어려운 문제를 해결하는 일이다. 어려운 문제일

수록 절차에 따라 접근해야 한다. 문제 해결의 5단계는 문제점 및 현상 파악, 긴급 조치, 근본 대책 수립 및 실시, 효과 파악, 표준화인데, 그중에서 가장 중요한 것이 현상 파악이다. 현상이 정확하게 파악되면 대부분 문제는 잘 풀린다. 현상 파악이 잘 못되면 문제는 꼬이기 마련이다. 풀기 어려운 문제일수록 현상 파악은 현장에 직접 가서 보는 것이 가장 효과적이다. 리더는 현장에 가서 현물을 보고 현실적으로 판단하는 3현 주의 리더십이 물맴이처럼 습관화되어있어야 한다. 물맴이는 자기가 사는 연못을 작은 원과 큰 원을 그리면서 종일 맴돈다. 현장에 가는 것을 게을리하고 사무실에 앉아서 문제를 해결하려는 것은 마치 경찰이 도둑을 잡는데 사건 현장에 가보지도 않고 사건을 처리하려는 것과 다름 없다.

성공한 리더들의 중요한 특징 중의 하나는 현장 중시 경영(Shop Floor Management)이다. 중요한 문제를 해결하기 위해서 현장에 직접 가서 보는 행동 양식(Go-To-See Leadership)이 체질화되어있는 사람들이다. 박정희 대통령은 조국 근대화 과정에서 새마을운동으로 늘어나는 기와지붕을 수시로 가서 보고 동력을 얻었다. 직업훈련원과 기계 공고에서 기술을 배우는 청소년들의 어깨를 만지면 학생들은 얼굴이 벌겋게 상기되곤 했다. 시간 날 적마다 경부고속도로 건설 현장으로 차를 타고 흙먼지를 날리며 찾아가 인부들을 격려했다. 청와대에 있는 시간보다 현장에 가 있는 시간이 많았다. "이봐, 해봤어?"의 주인공인 정주영 회장은 새벽에 집을 나와 경부고속도로 현장, 조선소 건설 현장을 누비며 진두지휘, 격려하고 밤늦게 귀가하곤 했다. 김우중 회장은 세계 경영 신사업 개척지에서 많은 시간을 보냈고, 대우조선 정상화 시는 가족도 없이 거제도에서 3년간 상주하면서 업무를 진두지휘하고, 아침에는 직원들 집에 가서 아침 식사를 함께하며 가족들을 격려하곤 했다. 이병철 회장, 박태준 회장도 마찬가지였다. 커진 조직이나 관료화된 조직에서는 보고 내용이 실제 상황과 왜곡되는 경우가 많으므로 중요한 사안은 리더가 직접 현장에 가서 확인하는 것이 필요하다.

   우리는 물맴이의 모습에서 현장 중시 경영, 솔선수범 리더십을 배울 수 있다. 현장 중시 경영과 솔선수범 리더십이 있는 조직은 상하좌우 의사소통이 잘 되고, 조직 내에 활기가 항상 넘친다. 모든 부가가치를 만들어 내는 곳은 현장이며, 문제의 해답도 현장에 있다. 리더십 습관에 따라 조직의 성패가 갈린다. 서면 보고만으로는 정확한 현상 파악이 어렵다.

PART 6 _ 혁 신  성 공  리 더 십

## 04

# '하자' 리더십

미국 아이비리그의 명문 예일대에서는 졸업식 날 강연을 할 교수를 학생들이 투표로 결정하는 전통이 있다. 전혜성 동암문화연구소 이사장이 하루는 예일대 졸업식에 갔다가 한 교수로부터 이런 푸념 아닌 푸념을 들었다고 한다. "제가 이 대학에 4년 있었는데 2년은 전 박사님 아들이, 2년은 딸이 연설을 해서 4년 동안 전 박사님 집안 이야기만 들었습니다." 우리나라 최초 주미 공사를 지낸 고 고광림 박사와 그의 아내 전혜성 박사 가정 이야기이다. 전혜성 박사는 대학 2학년을 마치고 교환학생으로 미국에 건너가 어려운 환경 속에서도 6남매를 낳아 모두 미국의 명문 하버드대와 예일대를 졸업시켜, 문화와 인종의 장벽을 넘어 오바마 정부 차관보, 법률고문, 예일대 법대 교수, 매사추세츠 의대 교수 등 큰 일꾼으로 훌륭하게 키웠다. 1988년도에는 미국 교육부에 의해 '동양계 미국인 가정교육 대상'으로 선정되어 큰 화제를 모은 바도 있다.

전혜성 박사 집안에는 박사 학위가 12개이고, 책상이 20개 있다는 이야기는 너무나 유명하다. 자녀가 여섯인데 왜 책상이 20개나 필요할까? 아이들은 모두 침실에 각자의 책상을 하나씩 가지고 있고, 응접실에는 텔레비전 대신 도서관처럼 12개의 책상이 있다. 응접실에 책상을 충분히 놓은 것은 행여나 친구들이 놀러오더라도 책상에 앉을 수 있도록 하기 위함이다. 아이들이 공부할 때는 부모도 책상에 앉아서 함께 책이나 신문을 보거나 가계부를 정리한다. 자녀들이 어려서부터 책과 책상으로 진열된 집안에서 성장하다 보니 아이들의 삶 속에 책상이 가장 친숙하고 편안한 가구로 인식되었다는 것이다.

전혜성 박사는 그의 저서 『생의 목적을 아는 아이가 큰 사람으로 자란다』에는 아이를 수시로 살피고 대화하는 시간을 가져라, 질문은 아이 생각의 폭을 넓힌다, 교육의 전제 조건은 행복한 가정이다, 재주가 덕을 이겨서는 안 된다, 아이가 공부하게 하려면 부모가 먼저 공부해라 등 자녀교육의 황금 룰 같은 내용이 가득 들어 있다. 전 박사는 여기서 "부모가 '공부해라'가 아닌 '공부하자'라고 말해준다면 아이들은 부모에게 놀라운 기적을 선물할 것입니다. 아이가 지혜로 가득한 충만한 삶으로 주변을 밝게 빛내는 사람으로 성장하길 바란다면, 부모가 중심을 잡고 주도적으로 살아가는 모습을 보여주는 것만큼 좋은 방법은 없습니다. 아이는 부모의 그림자와 뒷모습을 그대로 보고 자라는, 부모의 거울이기 때문입니다."라고 이야기한다. 결국, 행복한 가정과 부모의 솔선수범이 자녀 교육의 기본이 된다는 메시지를 전하고 있다.

내가 자랄 때만 해도 '해라' 리더십이 통했다. 기본적으로 어른을 공경하는 마음이 내재되어있어 부모님, 선생님이나 웃어른들이 하는 말에 대해서 특별한 경우가 아니면 순종했다. 그러나 이제 시대가 변해서

'해라'리더십은 통하지 않는다. 자녀뿐만 아니라 부부, 직장에서도 '해라'는 갈등만 만들어낸다. '공부하자, 청소하자, 운동하자, 개선하자.'의 '하자 리더십'이 통하는 시대이다. 내가 하지 않는 것, 내가 할 수 없는 것은 비록 자녀일지라도 시켜서는 먹히지 않는 시대가 되었다. 조직을 잘 이끌고 싶다면, 내가 먼저 모범을 보이고 함께 이끌어가는 '하자' 리더십을 실천하고 습관화해야 한다.

PART 6 _ 혁 신 성 공 리 더 십

05

# 3현 2원 주의(3現2原主義) 리더십

어느 날 도요타 자동차의 창업자인 기이치로 도요타는 그 넓은 공장을 거닐다가 연마 기계가 작동하지 않는다고 머리를 긁적이며 중얼거리는 한 종업원과 마주쳤다. 기이치로는 그 종업원을 잠시 쳐다보고는 소매를 걷고 오일 팬 속으로 손을 집어넣었다. 그는 한 움큼의 철 가루 찌꺼기를 꺼내들었다. 그리고 이 슬러지를 바닥에 내던지며 말했다. "손을 더럽히지 않고 어떻게 일을 하려는 거요?" 여기서 손에 기름을 묻히면서 개선하고 배우는 것이 중요하다는 기이치로의 도요타 현장 중시 경영의 일면을 볼 수 있다. 2004년 미국 시장에 판매할 고급 미니밴 '시에나' 개발 수석 엔지니어로 임명된 요코야 씨는 차량 개발을 시작하기 전에 미국 50개 주와 캐나다의 13개 연방과 멕시코의 전 지역을 미니밴 타입 택시를 직접 운전하고 일주하면서 그곳 고객들의 요구 사항을 반영한 차량을 개발하여 베스트셀러 차량을 개발할 수 있었다. 도요타의 현장 중시 경영 문화는 제조 현장뿐만 아니라 기술 부문, 영업 부문 등 전사적인 문화로 정착되었다.

리더가 갖추어야 할 능력 중에서 가장 중요한 것 중의 하나가 문제 해결 능력과 개선 능력이다. 특히 제조업에서는 많은 문제가 매일매일 발생한다. 안전에 관한 문제, 기계 고장에 관한 문제, 자재에 관한 문제, 품질 문제, 노사문제, 생산에 관한 문제 등 문제의 연속이다. 하루라도 문제가 없는 날은 없다. 이런 산재되어있는 문제를 얼마나 신속하고 정확하게 해결하고, 문제가 다시 발생하지 않도록 개선하는 것이 리더들의 중요한 역할 중의 하나이다. 문제 중에는 상식으로 풀 수 있는 단순한 문제도 있지만, 기계 고장이나 품질 문제, 노사문제 등 복잡한 문제는 쉽게 풀기가 어렵다. 복잡한 문제를 풀기 위해서는 많은 경험과 일련의 문제 풀이 기법을 알아야 한다.

앞에서도 언급했지만 복잡한 문제를 논리적으로 풀기 위한 5단계 문제 풀이 기법 중에서 가장 중요한 단계가 현상 파악 및 원인 분석 단계이다. 현상 파악과 원인 분석이 잘 되면 그 문제는 절반 이상 풀린 것이나 다름없다. 그런데 문제의 현상을 파악하는 단계에서 가장 핵심이 되는 것은 문제가 생긴 현장에 가서 직접 보고 현상을 파악하는 것이다. 문제가 생기면 현장(現場)에 가서 현물(現物)을 보고 현실(現實)적으로, 원리(原理), 원칙(原則)에 근거해서 판단하라는 것이다. 이것이 3현 2원 주의(3現 2原 主義)다. 유능하고 존경받는 리더는 사무실에 앉아서 보고받는 시간보다 현장에 가있는 시간이 많다. 현물을 보고 현실적으로 문제를 풀어가는 것이 습관화되어있다. 문제의 답은 현장에 있다.

PART 6 _ 혁신 성공 리더십

06

# 솔선수범 리더십

　　　　　✏️ '배가 너무 고파서' 후줄근해진 작업복과 부스스한 머리, 거뭇거뭇 자라 있는 턱수염, 그리고 그 무엇보다 불안한 기색이 역력한 김 대리의 모습에서 짧게 깎은 머리를 무스로 깔끔하게 정리하여 세우고 다니던, 평소 연예인 못지않던 멋쟁이를 떠올리기는 힘들었다. 건빵 봉지를 오른손에 든 김 대리를 보는 순간 나는 마음이 울컥했다.

　2000년 11월 8일 대우자동차의 최종 부도가 발표되었다. IMF 이후 자동차 판매 대수가 반으로 줄었다. 경영 상황이 악화되면서 회사는 버티지 못하고 결국 법정관리에 들어가게 되었다. 몇 달이 지나자 채권단으로부터 구조조정을 하지 않으면 자금 지원을 중단하겠다는 통보를 해왔다. 구조조정의 핵심은 3,500명의 감원과 9,000억 원 규모의 사업비 절감이다. 이때부터 생존을 위한 처절한 싸움은 시작되었다. 그중에서도 인원을 줄이는 것은 가장 어려운 일이었다. 노사 경영 혁신 위원회를 구성하여 노사가 머리를 맞대고 밤낮으로 고민했지만, 뾰족한 대안이 없다. 이때 나는 직원들을 모이게 하고 이렇게 설득했다. "직원 여러분, 지금 회사는 최대의 위기 상황에 놓여있습니다. 회사를 살리는 데 우리 모두의 지혜가 필요한 때입니다. 회사를 살려야 우리도 살 수 있습니다. 지금 거대한 <대우호>는 망망대해에서 조난을 당해 선체에 물이 들어오고 있습니다. 이대로 가면 머지않아 침몰할 수밖에 없는 상황입니다. 어려운 일이지만 용기를 내어 일부 인원이 쪽배나 구명보트로 이동해주셔야 합니다. 배가 수리되면 회사는 반드시 여러분들을 다시 태울 것입니다." 그 후 희망퇴직이라는 명목으로 많은 관리직 직원들이 회사를 떠났지만, 노조는 끝까지 노조원 희망퇴직에 동의할 수 없었고, 결국 최후 방안으로 대한민국 정리 해고 법이 만들어진 이래 최대 규모인 1,750명이라는 인원의 정리 해고를 단행하게 되었다.

　정리 해고자 명단이 통보된 다음 날 노조는 총파업에 돌입했고, 전쟁을 방불케 하는 상황이 사내에서 벌어졌다. 이런 극한 노사 대립 상황에서 회사가 지켜야 할 곳은 도장 공장이다. 도장 공장은 화재 위험이 크고, 만약 화재라도 발생하면 복원하는 데 오랜 시간이 걸리기 때문이다. 본부장이 직접 들어가지 않아도 되지 않느냐는 주변의 만류에도 불구하고 나는 비노조원으로 구성된 200여 명의 <구사대>를 이끌고, 도장 공장에 들어가 도장 공장 사수 작전을 진두지휘했다. 밖에서는 노조원들이 화염병을 던지며 도장 공장 탈환 작전을 준비하고 있었다. 며칠 후 식량마저 떨어지자 도장공 장내에 고립된 <구사대> 대원들은 불안해지기 시작했다. 배고픔을 견디다 못해 김 대리가 비상식량인 건빵을 훔치다 나에게 발견된 것이다. 이때 나는 대원들을 한곳에 모으고 다시 한 번 강조했다. "여러분, 회사가 살아야 우리도 삽니다. 우리는 지금 회사를 살리는 중대한 임무를 수행 중입니다. 우리는 반드시 살아나갑니다. 3일 만

더 버팁시다. 저도 끝까지 여러분과 함께하겠습니다. 제가 제일 나중에 이 도장 공장을 빠져나가겠습니다." 그 후 전 직원들의 헌신적인 노력 끝에 회사가 정상화되어 GM이 대우자동차를 인수함에 따라 회사는 다시 살아났다. 정리 해고되었던 1,750명도 대부분 재입사하게 되었다. 이 사건은 지금도 어려운 환경을 노사가 지혜롭게 극복한 한 사례로 회자되고 있다.

"내가 먼저 적진에 들어갈 것이고, 내가 제일 나중에 적진을 나올 것이다. 단 한 명도 내 뒤에 남겨두지 않겠다." 이는 2002년 개봉된 월남전을 다룬 영화, 『위 워 솔저스』의 주인공 무어 중령이 1965년 월남전에서 연합군 395명을 이끌고 베트콩 2,000명을 대파한 전투, 출정식 연설의 한 구절이다. 이것이 위기에서 조직을 구하는 리더의 자세이다. 위기에서 리더 한 사람의 자세가 조직 전체의 성패를 좌우한다. 솔선수범 리더십이 조직을 살린다.

PART6 _ 혁신 성공 리더십

## 07
# 눈높이 리더십

 이제 돌이 지나 겨우 걷기 시작하는 외손자와 장난감 농구대에서 공놀이를 하다가 점프하는 시늉을 했다. 손자가 흉내를 내다가 그만 넘어지고 말았다. 아기들은 어른들의 말과 행동을 그대로 따라 하면서 성장한다. 영아들과 소통하려면 아기들의 눈높이에서 함께 놀아야 한다. 아기가 기어다닐 때는 함께 기어주고, 걸을 때는 함께 걷고, 앉으면 함께 앉아서 놀아줘야 좋아한다. 음식을 줄 때는 의자에 앉히거나 무릎을 꿇고 앉아 아이와 눈높이를 맞추는 것이 좋다. 아이에게 그림책을 보여줄 때도 이야기를 엮어서 수준에 맞는 언어로 말해주면 좋아한다. 아기들도 어른이나 마찬가지로 이야기를 좋아한다. 유아기가 되면 아이들은 어른들을 모방해서 가상 놀이를 시작한다. 다양한 놀이와 체험 활동을 통해서 자연스럽게 신체와 정서가 성장하게 된다. 이때는 아이들이 잘못했을 때도 나무라기보다는 아이의 감정을 읽어주고, 다양한 질문을 통해 아이들이 스스로 잘못을 인지하도록 하는 것이 좋다.

국립생태원 초대 원장을 지낸 '개미 박사'로 유명한 최재천 박사는 한 시상식에서 초등학생 어린이에게 상을 줄 때 어린이와 눈높이를 맞추기 위해 무릎을 꿇고 시상을 했다는 이야기는 너무나 유명하다. 최 박사는 이러한 눈높이 리더십을 발휘하여 서천의 애물단지 국립생태원을 3년 만에 매년 100만 명이 찾는 명소로 만들었다. 성공 비결을 묻는 말에 최 교수는 '여왕개미 리더십'을 강조한다. "개미의 세계에서 여왕개미의 역할은 한정적이고, 일은 일개미에게 맡깁니다. 조직의 권위를 내려놓고, 조직의 규범과 방향성만 정해놓고 뒤에서 지켜보며 직원들과 소통의 시간을 많이 가졌더니 성과는 저절로 나오더군요." 기업에서도 마찬가지이다. 명령과 통제로 일관하는 자기중심적 리더보다는 신뢰와 믿음을 바탕으로 직원들을 고객으로 대하는 리더가 존경받는다. 탁월한 능력을 갖춘 상사 밑에서 오히려 조직의 역량이 떨어지는 경우를 종종 볼 수 있다. 직원들의 수준을 무시하고 일방적으로 밀어붙이면 직원들은 스트레스를 받게 되고, 의욕 상실과 자포자기에 빠져 성과를 내지 못하게 된다. 직원은 통제의 대상이 아니라 육성의 대상이다.

 리더는 카리스마가 넘치는 초인적인 존재가 아니라 명확한 비전과 목표를 제시하고 달성 방안을 공유하며, 소통을 통해 직원들이 창의적인 노력으로 최대의 성과를 낼 수 있도록 지원하는 사람이다. 소통의 기본은 경청, 칭찬, 인정이다. 사람은 자기를 인정해주는 사람을 따른다. 사마천의 『사기』에 이런 말이 나온다. "선비는 자기를 알아주는 사람을 위하여 목숨을 바치고, 여자는 자기를 기쁘게 해주는 사람을 위하여 얼굴을 꾸민다 (士爲智己者死, 女爲悅己者容)." 리더가 강압과 권위로 군림하며 섬김을 받는 시대는 지났다. 상대방을 배려하고 섬기는 리더십이 존경받는다. 리더는 직위가 중요한 것이 아니라 다른 사람을 리드할 수 있고, 부하들이 진심으로 따르도록 하는 것이 중요하다. 가정에서나 직장에서나 리더가 구성원들의 눈높이에 맞추어 내 눈과 귀를 열어 그들의 이야기를 잘 듣고 인정해 주어서, 구성원들 각자가 자기 위치에서의 리더는 나라는 생각을 가지고 주어진 일에 최선을 다할 수 있도록 하는 리더십이 눈높이 리더십이다.

PART 6 _ 혁신 성공 리더십

## 08

# 리더의 생명은
# 신뢰다

"삼촌, 큰일 났어요. 상철이가 학교 가다가 눈에 빠져서 못 나와요."
"어디야!"

삼촌은 급히 조카를 따라나섰다. 상철이가 눈 속에 겨드랑이까지 묻혀 사색이 되어 허우적거리고 있었다. 막대기 하나를 내밀어 한참을 밀고 당기다가 겨우 구출해냈다. 내가 초등학교 다니던 시절, 시골 등굣길에서 가끔 볼 수 있는 광경이었다. 좁은 논길을 따라 학교에 가야 하는데, 밤새 폭설이 내리면 깊은 논에 눈이 쌓여 오솔길과 논을 구분하기가 어려웠다. 앞장서 가던 친구가 헛발을 디디면 깊은 논 쪽으로 빠지곤 했다. 그때는 그렇게 눈이 많이 내리는 날이 종종 있었다. 그래도 눈이 많이 내리면 아이들은 신이 난다. 눈사람 만들 욕심에 학교 공부는 건성이다. 학교에서 돌아오면 눈사람 만들기 경쟁이라도 하듯, 대문 앞에 커다란 눈사람을 만들어놓곤 했다. 그 당시는 시골에서 별다른 놀이기구가 없어서 겨울철에는 썰매 타기, 눈사람 만들기, 눈싸움 놀이가 고작이었다. 어떤 날은 눈이 오다가 그치면 눈사람 만들러 나왔던 아이들은 실망하고 돌아간다. 이때 끈질긴 한 아이는 어렵게 농구공만 한 눈덩이를 뭉친다. 그리곤 그 작은 눈덩이를 굴려서 커다란 눈사람을 만들곤 한다. 작은 눈덩이를 만들면 커다란 눈사람도 만들 수 있다.

고등학교 다닐 때의 일이다. 친하게 지내던 짝이 종일 심각한 표정이다. 점심시간에 물어보았다. "형근아, 오늘 무슨 일 있어?"

"어, 우리 집 분위기가 말이 아니야. 어제 저녁에 새어머니(?)께서 오셔서 아버지와 대판 싸움이 벌어졌어."

이야기를 들어보니 아버지가 두 집 살림을 하고 있었다. 처음에는 어머니 모르게 한 여자를 알았는데, 나중에 발각되어 합의하에 조건부로 두 집 살림을 시작했다는 것이다. 합의 조건은, 아버지가 두 여자 집을 하루 걸러 공평하게 가기로 했다는 것이다. 그런데 어제 문제가 생겼다. 운전기사가 착각해서 퇴근 시간에 다른 여자 집으로 아버지를 안내한 것이다. 그 당시는 소위 권력을 가진 자들이 간혹 그런 생활을 하는 경우가 있었다.

요즘 사회 일각에서 리더의 위치에 있는 사람들이 가정 문제, 여자 문제, 비리 문제로 매스컴을 타는 모습을 보면서 측은한 마음마저 든다. 그동안 힘들게 쌓아올린 공든 탑이 와르르 무너지는 소리가 들린다. 리더에게 생명과 같은 것이 신뢰다. 신뢰가 깨지면 명예도 하루아침에 무너진다. 사회가 정보화, 투명화되면서 비밀은 없어지고 신뢰는 더욱 중요해졌다. 신뢰는 '단순히 있으면 좋고 없으면 그만인 덕목'이 아니라 '조직의 생존과 성장을 결정하는 필수 요소'이다. 신뢰는 조직을 하나로 이어주는 접착제와 같다. 신뢰가 존재하지 않는 조직에서는 창의력은 말살되고,

진보는 정체되며, 혁신은 위축될 수밖에 없다. 신뢰의 발상지는 가정이다. 가정은 사회 이전의 작은 사회, 신뢰의 공동체이다. 가정은 건축물의 기초와 같은 곳이다. 투명 사회에 훌륭한 리더가 되려면 내 가정, 내 가족, 내 이웃으로부터 먼저 신뢰를 얻어야 한다. 가족 하나 제대로 관리 못하는 사람에게 큰 것을 맡길 수 없는 것이다. 가족은 사회의 눈덩이다. 눈 덩어리가 부실하면 커다란 눈사람을 만들었다 하더라도 쉽게 부서지는 것처럼, 가정에서 신뢰가 무너지면 그동안 쌓아놓은 공든 탑은 하루 아침에 무너지게 되는 것이다. 리더가 되려면 가정에서부터 신뢰를 쌓아야 한다. 국력은 결국 리더들의 도덕성에 비례한다. 경제력보다 더 중요한 것이 도덕력이다.

PART 6 _ 혁신 성공 리더십

## 09
# 소통 능력이 경쟁력이다

몇 해 전 경찰 발전 위원회 모임에 참석했을 때의 일이다. 서장님을 기다리며 잠시 대기하는 시간이 생겼다. 위원장님이 간단한 인사말을 한 다음 "한 위원님, 시간이 좀 남는데 위원님들에게 뭐 좋은 말씀을 좀 해주시죠." 당황했다. 아무 준비도 안 된 상태에서 갑자기 마이크를 넘겨주니 당황할 수밖에 없었다. 그날 집에 돌아오면서 "유비무환(有備無患)"이란 사자성어를 다시 음미해보았다. 누구나 동창회, 연말 모임, 동호회 모임의 자리에서 별안간 스피치 요청을 받고 당황한 경험이 있을 것이다. 우리가 하루하루 생활하면서 말하기와 글쓰기는 일상생활 수단이고, 커뮤니케이션의 핵심 요소이다. 그런데도 우리는 아직도 하고 싶은 말을 표현하는데 애로를 겪고, 자기소개서나 보고서 하나 쓰는 데도 자유롭지 못하다. 필자도 마찬가지이다. 글쓰기, 말하기가 얼마나 어려운지를 절실하게 느끼는 것은 직장 생활을 마무리하고 프리랜서로 글쓰기, 특강을 하는 시간이 많아지면서부터이다.

어떻게 하면 조리 있게 말을 잘할 수 있을까? 세계적인 커뮤니케이션 코치인 캐빈 캐럴은 그의 저서『누구나 자신감을 갖는 멋진 스피치』에서 다이아몬드 모델의 성공 법칙을 소개한다. "관심을 끌 만한 이야기로 처음을 시작하라. 횡설수설하지 말고 주제를 분명하게 정해라. 듣는 사람이 이 이야기를 들으면 어떤 이득을 얻게 될지를 말하라. 주제에 대하여 세 가지 정도의 부재를 정하고 하나하나 기억에 남도록 말해라. 지금까지 말한 것을 요약하고, 말한 내용을 청중이 기억할 수 있도록 압축하여 설명하라. 마지막으로 청중이 해야 할 일을 구체적으로 말해줘서 행동이 유발되도록 해라." 스피치의 고객은 내가 아니라 남이다. 내가 하고 싶은 말이 아니라 상대방이 듣고 싶은 말을 해야 한다. 같은 내용의 말이라도 어떻게 하느냐에 따라 맛이 다르다.

언어는 인간의 삶에 필수적인 요소로서 자기표현의 수단이며, 대인 관계 형성의 도구이다. 사람은 결국 말하기와 글쓰기를 통해 자기를 표현한다. 누구나 남에게 인정받으려면 시간과 장소에 상관없이 전하려는 메시지를 분명하고 간결하게 전달할 수 있어야 한다. 말을 조리 있게 잘하려면 표현만을 잘해서 되는 것은 아니다. 생각이 정리되어야 하고, 어휘력이 뒷받침되어야 한다. 어휘력을 키우기 위해서는 결국 많이 듣고, 많이 읽어야 한다.

소통에는 받아들이기와 내보내기가 있다. 듣기, 읽기는 받아들이기이고 말하기, 쓰기는 내보내기다. 말하기와 쓰기는 머릿속의 생각이나 마음속의 느낌을 언어라는 형태로 상대방에게 내보내는 것이다. 필자가 어렸던 시절에는 조용한 것이 미덕인 시대였다. 수업시간에 말하면 떠들지 말라고 하고, 어른들이 말할 때는 조용히 하라고 하고, 밥 먹을 때는 말하지 말고 먹으라고 했다. 어른들은 입이 무거운 사람이 되기를 원했다. 쓰기나 말하기를 잘하려면 악기 다루기나 운동처럼 장시간 꾸준한 훈련이 필요하다. 학교에서뿐만 아니라 집에서도 어려서부터 그림일기를 쓰도록 하고, 아이들이 밖에서 돌아오면 하루 있었던 일을 이야기해보도록 해서, 자기 생각을 조리 있게 표현해보도록 하는 훈련이 필요하다. "침묵은 금이다, 가만히 있으면 중간이나 가지!"라는 말은 이제 통하지 않는다. 세상을 움직일만한 지식이 있어도 표현이 서투르면 인정받기 어렵다. 많이 받아들인 사람이 내보내기도 잘한다. 어려서부터 책을 많이 읽고, 일기 쓰는 것을 습관화하는 것은 말하기, 글쓰기를 잘하기 위한 기초 훈련이 되는 것이다. 의사소통 능력이 경쟁력이다.

PART 6 _ 혁 신 성 공 리 더 십

## 10
# 완벽한 악보란 없다

📝 얼마 전 100강 포럼에서 '오케스트라처럼 경영하라'라는 제목으로 밀레니엄 오케스트라 지휘자인 서희태 감독의 특강이 있었다. 오케스트라 지휘자의 역할과 자세에 관한 강연을 들으면서 급변하는 현대 경영에서 리더의 역할이 어떠해야 하는지에 대한 지혜를 얻는 시간이었다. 오케스트라는 수많은 악기로 구성되어있다. 관악기, 타악기, 현악기. 이들은 저마다 재료, 소리의 질감, 소리의 크기, 음역, 연주하는 방법이 모두 다르고 각기 특유한 음을 낸다. 바이올린, 비올라처럼 공연 내내 계속 연주해야 하는 악기도 있고, 연주하는 시간보다 기다리는 시간이 더 많은 심벌즈와 같은 악기도 있다. 최고의 연주를 위해서는 연주자들의 실력이 말해주지만, 가장 중요한 역할을 하는 사람은 역시 지휘자다. 오케스트라에서 지휘자의 역할은 공연에서 절대적인 영향력을 발휘한다. 연주할 단원을 선택할 수 있고, 그 선택에 책임도 져야 한다. 자신이 선택한 연주자를 믿고 능력과 화합을 최대한 끌어내어 성과를 올려야 한다.

19세기 오스트리아 출신의 위대한 작곡자이자 오케스트라 지휘자 구스타프 말러는 "음악에 중요한 것은 악보에 없다. 연주자는 제2의 창조자다. 좋은 지휘자는 항상 자신을 보고 연주하라는 사람이 아니라, 단원들이 각자 자기 자리에서 자기의 맡은 부분을 연주하다가 지휘자의 지휘가 필요해 그를 바라봤을 때 그 자리를 지키고 정확하게 이끌어주는 사람이다."라고 했다. 오케스트라는 다양한 구성원들 간의 조화와 협력을 기본으로 아름다운 화음을 만들어내는 창조적인 조직이다. 오케스트라의 지휘자가 연주자들 간의 조화와 협력을 이끌어내어 감동적인 하모니를 만들어내는 모습은 현대 경영의 좋은 롤모델이 될 수 있다. 경영학의 대가 피터 드러커는 그의 저서 『새로운 조직의 태동』에서 기업 경영의 새로운 모델을 제시하였다. "정보화 시대의 도래로 전통적인 경영 모델은 사라질 것이다. 미래의 기업은 심포니 오케스트라와 같은 조직을 닮아갈 것이다."라고 했다. 악보에는 음표, 박자, 강약은 있지만, 연주자만이 표현할 수 있는 개성이 숨 쉬는 음악을 표현하는 데 가장 중요한 창조성은 없다. '창조성'은 연주자 각자의 몫이다. 그래서 같은 곡을 같은 악보를 보고 연주해도 흥미로운 것은 그때마다 다른 느낌을 받는다. 오케스트라에서 악보는 있지만 '얼마나 강하게, 약하게, 빠르게, 느리게' 연주하느냐는 연주자, 지휘자에 따라 달라진다.

지휘자가 악보만으로 완벽한 지휘를 할 수 없는 것과 마찬가지로 경영자가 매뉴얼만으로 완벽한 경영을 할 수 없다. 지금까지의 기업이 리더의 경험에 따라 방향을 결정하고 거기에 맞춰 성장해왔다면, 4차 산업혁명 시대의 급변하는 기업 환경에서는 조직 전체가 외부의 변화에서 기회를 포착하는 기민성과 창조성을 가져야 살아남는다. 직원은 악기와 같다.

경영자는 주어진 매뉴얼대로 일하도록 직원들을 몰아붙일 것이 아니라 각자 개성을 가진 구성원들이 창의력을 발휘해서 최대의 성과를 낼 수 있는 환경을 만들어주어야 한다. 의사는 상처 난 부위를 수술하지만, 새 살이 돋아나게 하는 것은 자율신경이다. 사과는 줄기에 달리지 않고 가지에 달린다. 줄기는 튼튼해서 많은 가지를 지탱해야 하고, 뿌리에서 물기와 영양분을 빨아 올려 가지에 공급해주어서 가지가 많은 열매를 맺을 수 있도록 해야 하는 것처럼 리더는 직원들이 각자의 능력을 발휘할 수 있는 환경을 만들어주어야 한다. 협력과 통합을 통해 새로운 게임의 규칙을 세우고, 창조적 파괴에 나설 수 있는 환경을 만들어가는 리더가 결국 승리한다. 완벽한 악보, 완전한 매뉴얼은 없다.

PART 7_ 환경의 힘

## 01
# 지구환경을 생각해본다

최근 중국의 대기 오염이 심각해지면서 중국의 부호들은 캐나다 밴프의 청정 공기를 수입하기 시작했는데, 그 양이 날로 늘어나고 있다고 한다. 가격은 공기 한 캔(Bottled Air)이 물값의 50배나 되는 18,000원 정도라고 한다. 학교 앞을 지나다 보면 학생들이 미세먼지 마스크를 쓰고 등교하는 모습을 흔히 볼 수 있다. 길 가는 사람 중에도 마스크를 쓰는 사람이 점점 늘어나고 있다. 화창한 날씨인데도 외출하려면 미세먼지 농도부터 확인해야 하는 슬픈 세상이 되었다. 우리나라의 미세먼지는 어디서 오는 것일까? 현재까지 밝혀진 바에 의하면 중국으로부터 유입되는 것이 40~50%, 나머지는 국내에서 발생한다고는 하나 명확한 근거는 없다. 발생 원인으로는 주로 석탄, 석유 등 화학연료에서 생기는 것이 많고, 자동차 배기가스나 공장에서 발생하는 것도 많다. 가스보일러, 음식물 조리 과정이나 도로, 나대지, 쓰레기 등 일상생활 속에서도 발생한다. 우리가 보통은 외부의 미세먼지에 대해서만 관심이 많지만, 전문가들의 연구에 의하면 실내의 미세먼지도 문제라고 한다. 집안에도 외부에서 유입되거나 음식물 조리 등 일상생활에서 생기는 미세먼지가 존재한다는 것이다. 만약 집안에 미세먼지가 기준치 이상으로 존재한다면 외부보다 더 심각할 수 있다. 외부에서는 이동하면서 미세먼지를 접하지만, 집안의 미세먼지는 밤새도록 온 가족의 호흡기를 위협하기 때문이다.

아마도 환경오염이 이대로 지속된다면 앞으로 50년 후에 우리 후손들은 페트병의 물을 마시는 것처럼 공기도 용기에 담아 가지고 다니면서 흡입해야 하는 세상이 올지도 모른다. 딸이 사는 캐나다 캘거리를 방문한 적이 있다. 그곳에 머무는 동안 깨끗한 공기와 파란 하늘을 보고 상대적으로 우리나라의 환경오염이 심각하다는 것을 새삼 느꼈다. 한때는 우리나라도 파랗고 드높은 가을 하늘을 세계에 자랑하곤 했었는데, 아쉬움이 많다. 캐나다에서의 부러운 점은 넓은 땅, 풍부한 지하자원, 질서 속에 여유롭게 사는 그들의 모습이 아니라 아직 오염이 덜된 자연환경이다. 아직도 지구의 구석구석에는 이런 자연이 존재한다.

인류는 지금 서로 먹고살기 바빠서 용기 속의 개구리가 물의 온도가 서서히 뜨거워지는 것을 감지하지 못하고 죽어가는 것처럼, 서서히 오염되어가는 지구환경을 감지하지 못하고 죽음을 향해 가고 있는지도 모른다. 지구의 환경오염을 방지하는 길은 없는 것일까? 지구 환경오염의 주범은 사람이다. 새나 짐승은 지구를 오염시키지 않는다. 지구의 오염을 줄이려면 지구온난화 문제, 이산화탄소 배출 문제 등 풀어야 할 큰 과제들이 산적해있다. 하지만 사람들의 환경에 대한 생각이 근본적으로 달라져야 지구환경오염을 줄일 수 있다. 사람이 바뀌어야 지구환경이 바뀐다. 인류가 해결해야 할 가장 시급한 문제 중의 하나가 환경오염 문제이다. 나부터, 오늘부터 가정에서나 사무실에서, 내가 생활하는 공간의 환경을 스스로 책임지는 문화가 형성될 때 내가 사는 도시, 지구의 환경이 깨끗하게 보전될 수 있을 것이다. 온 인류가 각자 생활하는 환경의 품질을 스스로 책임지는 문화(환경 품질 책임제)가 지구촌에 정착될 때, 인류는 깨끗한 지구에서 살 수 있게 될 것이다.

PART7_ 환경의 힘

02

# 플라스틱 쓰레기의 반격

얼마 전 KBS스페셜 프로에서 「플라스틱의 역습」이라는 프로를 방영한 적이 있다. 우리가 일상적으로 편리하게 사용하고 무심코 버리는 플라스틱 쓰레기의 피해가 얼마나 심각한지를 사람들에게 일깨워 주는 유익한 프로였다. 1907년, '리오 베이클랜드'에 의해 만들어진 플라스틱은 분명 인류의 위대한 발명품이다. 그러나 100년 이상을 인류와 동고동락해온 플라스틱은 이제 인간에게 무서운 재앙으로 돌아오고 있다. 잘 썩지 않고 분해되지 않는 플라스틱 쓰레기가 매년 1,300만 톤이나 바다 위에 버려지고, 이것이 쌓이고 쌓여서 약 50억 톤에 달하는 플라스틱 쓰레기가 오대양을 누비며 여행을 하고 있다. 북태평양 아열대 한류 지역에 가면 거대한 태평양 대 쓰레기장을 볼 수 있다고 한다. 마구 버려진 플라스틱 쓰레기들은 홍수를 만나면 모두 바다로 떠내려가게 된다. 비, 바람, 강물을 따라 땅을 떠난 플라스틱이 해류를 따라 바다를 떠돌다 환류로 밀려들어 와 태평양 대 쓰레기장에 모여 소용돌이 치고 있는 것이다. 배를 타고 이 태평양 대 쓰레기장을 빠져나가려면 일주일 이상이 걸리고, 그 크기는 놀랍게도 아프리카 대륙에 맞먹는다고 한다. 이렇게 바다 쓰레기장이 된 열대 환류가 지구상에는 여섯 곳이나 존재한다고 한다. 지구촌의 해변에는 어디를 가나 파도에 밀려드는 플라스틱 쓰레기로 차있다. 특히 태평양 연안 국가들의 해변에는 피해가 더욱 심하다. 아름다운 하와이 해변도 '플라스틱 몸살'을 앓고 있다.

네덜란드 델프트에 있는 오션 클린업 재단은 바다에 플라스틱이 플랑크톤보다 180배가 많다는 것을 밝혀냈다. 더불어 수거된 플라스틱의 84%에서 찾아낸 한 가지 이상의 독성 물질이 있다는 것도 알아냈다. 험난한 파도와 강한 자외선에 잘게 부서지면서 미세화된 플라스틱을 두고 고기들이 먹이 싸움을 벌이고 있다. 어미 새가 물어다 준 플라스틱 쪼가리를 먹고 새끼 새가 죽어가고 있다. 플랑크톤은 환경호르몬과 갖가지 화학 성분을 내뿜는 플라스틱 쪼가리를 먹고 자란다. 그 플랑크톤을 먹은 물고기가 다시 우리 식탁으로 올라온다. 우리가 매일 마시는 생수에서도 플라스틱 유해 물질이 발견되고 있다니 끔찍한 일이다. 인간이 자연을 괴롭히면 자연은 인간을 더 괴롭히게 된다.

세계는 지금 플라스틱 쓰레기로 병들어가고 있는 지구를 살리기 위해 갖가지 노력을 하고 있다. 많은 NGO 단체들을 중심으로 해안가 플라스틱 쓰레기 수거 작업이 진행되고 있다. 유럽 연합은 2021년부터 일회용 플라스틱 제품 사용 금지를 추진 중이며, 인도는 2022년 안으로 플라스틱 사용을 근절한다고 발표했다. 케냐에서는 비닐봉지를 사용하면 4,000만 원 이상의 벌금이나 최대 징역 4년 형을 선고하기로 했다. 이러한 노력만으로 플라스틱 쓰레기 문제가 해결될까? 지구촌의 플라스틱 쓰레기 문제를 근본적으로 해결할 방법은 없는 것일까? 쓰레기 수거 캠페인이나 범칙금을 강화하는 것은 긴급 조치에 불과하다. 근본적인 대책은 플라스틱의 사용량을 줄이고, 온 인류가 쓰레기를 함부로 버리지 않는 문화가 형성되어야 한다.

PART7_ 환경의 힘

## 03

# 흙이 살아야 사람이 산다

📎 지금 생각해보면 어린 시절에 흙과 함께 자란 것도 하나의 아름다운 추억이다. 내가 어릴 적에는 놀이터가 따로 없었다. 공터만 있으면 어느 곳이나 놀이터였다. 아이들이 둘 셋만 모이면 땅뺏기 놀이도 하고, 땅바닥에 구멍을 파놓고 구슬치기도 했다. 흙으로 성을 쌓기도 하고, 굴 파기도 했다. 그러다 보니 흙강아지가 되어 돌아와 흙 묻은 손 그대로 음식을 집어먹기도 했다. 그때는 길조차 포장되지 않은 흙길이라 자동차가 흙먼지를 일으키며 지나가면 피하기보다는 신기해서 그 먼지 속을 따라갔던 기억도 생생하다. 그래도 미세먼지 걱정이 없었다. 이렇게 흙과 함께 살아가니 흙 속의 수많은 미생물도 자연스럽게 우리의 친구가 될 수 있었다. 흙에서 멀어진 요즘의 아이들과는 비교가 안 될 정도로 면역력이 높았다. 마치 뒤뜰에서 제 맘대로 자란 토종닭들이 양계장에서 집단으로 키워지는 닭들보다 조류독감에 강한 것처럼 말이다.

흙은 생명이다. 모든 생명체는 흙에서 나서 흙으로 돌아간다. 흙은 생명의 양식을 공급해준다. 흙에서 공급해주는 양식을 통해 사람도, 짐승과 새들도 살아간다. 흙이 없다면 곡식도 없다. 우리 손에 종자가 있다 할지라도 흙이 그 종자를 받아서 열매를 맺도록 도와주지 않는다면 씨앗은 존재 의미가 없게 된다. 흙은 사랑이다. 흙은 모든 것을 구별하지 않고, 품고 사랑한다. 흙은 인간들이 버리는 온갖 오물들을 모두 품어 비료를 만들어낸다. 흙은 정직하다. 콩을 심으면 콩을 주고, 팥을 심으면 팥을 준다. 사람이 뿌린 씨를 따라 열매를 맺도록 도와준다. 흙은 겸손하다. 흙은 자신을 드러내 자랑하지 않는다. 가장 낮은 데서 작은 씨앗을 품고, 그 씨앗 속에서 아름다운 꽃을 만들고, 풍성한 열매를 맺도록 도와준다. 그런데 흙은 지금 인간이 버리는 오염 물질이 과다하여 소화불량에 걸려 몸살을 앓고 있다. 인간은 땅이 오염되면 그 해가 인간에게 돌아온다는 것을 잘 알면서도 쓰레기를 버리고 오염 물질을 만들어낸다. 땅이 병든다는 것은 인간이 병들어간다는 것을 의미한다. 인간이 건강해지려면 흙이 건강을 회복해야 한다.

환경이 살아야 생명의 고향인 흙이 살아난다. 지구촌에 사는 모든 사람이 자기가 생활하는 환경의 품질을 스스로 책임질 때만이 지구 오염을 방지할 수 있다. 어려서부터 자기 몸을 스스로 깨끗이 하는 것이 습관화되면 평생 건강하게 살 수 있다. 온 가족이 협력하여 집안을 정리 정돈하고 깨끗이 하면 건강하고 행복한 가정이 된다. 아파트 단지 내의 화단을 가구 단위로 나누어 주말에 아이들과 함께 풀을 뽑고 꽃을 가꾼다면, 아이들 교육을 위해 멀리 주말농장을 찾아가지 않아도 된다. 동 단위, 면 단위로 환경 관리 구역을 나누어 관리하고, 모든 시민이 자기 가게 앞의 잡초를 스스로 뽑고 눈을 치우는 문화가 형성된다면 깨끗하고 살기 좋은 도시가 될 수 있다. 대한민국이 시, 도 단위로 환경 품질을 책임질 수 있도록 제도화해서 생활화한다면 깨끗하고 안전한 살기 좋은 선진 대한민국이 될 수 있다. 흙에는 생명력이 있고, 청소에는 치유력이 있다. 집안을 항상 즐겁게 청소하는 주부는 우울증에 걸릴 염려가 없고, 자기 생활 주변을 항상 깨끗하게 청소하는 사람은 쓰레기를 버리지 않는다. 학생들이 스스로 교정을 청소하는 문화가 형성된다면 학생들의 정서가 순화되어 이것이 학교폭력을 없애는 치유책이 될 수도 있다. 사람이 사람을 변화시키는 것이 아니라 환경이 사람을 변화시킨다. 환경이 살아나야 생명의 근원이 되는 흙이 살아나고, 흙이 살아야 사람이 산다.

PART 7_ 환경의 힘

## 04
# 환경이 깨끗한 나라가 선진국이다

　　　　　📝 나는 몇 년 전 35년간의 직장 생활을 마무리하고 홀가분한 마음으로 약 2개월간 세계 여행을 한 적이 있다. 여행은 목적을 가지고 떠나는 여행보다 이렇게 정처 없이 떠나는 여행에서 더 많은 것을 느끼곤 한다. 이번 여행을 통해서 많은 것을 느끼고 배웠지만, 가장 큰 수확은 평소 관심 사항이었던 각 나라의 환경과 선진성의 연관 관계를 찾아보는 것이었다.

　여행에서 돌아와 얻은 결론은 대부분 '환경이 깨끗한 나라가 선진국이다.'라는 것이었다. 스위스, 스웨덴, 싱가포르, 캐나다 그리고 일본, 모두 인당 국민소득 5만 불이 넘게 잘 사는 나라들은 하나같이 환경이 깨끗하다. 질서와 안전이 확립되어있고, 환경이 깨끗해서 찾아오는 사람들이 많아 관광 수입도 많은 선진국이다. 깨끗한 나라들은 대표적으로 다음 두 가지 유형으로 이룩된 나라들이다. 하나는 싱가포르처럼 국가에서 처음부터 엄정한 법을 만들고 무거운 처벌을 통해서 사회질서를 바로잡은 나라이다. 다른 하나는 일본처럼 어려서부터 어른들의 솔선수범과 가정교육, 학교교육을 통해서 남에게 피해를 주면 안 된다는 의식이 문화로 정착된 나라이다. 싱가포르는 1965년 말레이시아 연방으로부터 분리 독립 당시만 해도 인당 GDP 400달러에 불과했던 가난한 소국이었다. 이런 싱가포르가 국민소득 5만 불이 넘는 세계 초일류 국가로 발전한 데는 탁월한 통치 철학을 가진 지도자 리콴유를 만난 덕분이다. 그리고 그의 뜻을 따라준 국민이 있었기에 가능했다. 싱가포르에는 우리가 상상할 수 없는 여러 가지 행위도 공공질서 위반으로 간주하여 벌금이 부과된다. 길거리에 쓰레기를 버리는 경우 40만 원 벌금이다. 금연구역에서 담배를 피우면 80만 원, 길거리에 침을 뱉으면 적발 횟수에 따라 40만 원에서 150만 원까지 벌금을 내야 한다. 1987년 지하철 개통 이후 껌에 의한 유발 비용을 줄이기 위해서 껌을 씹는 것은 고사하고 판매 금지를 한 적이 있다. 미국과 자유무역협정을 맺은 이후부터는 껌 씹는 것이 허용되고 있으나 껌을 사려면 치과 의사의 처방전이 있어야 한다고 한다.

이렇게 통제가 심한 사회에서 살면 숨이 막힐 것 같으나 실제 그 사회에서 살아본 사람들은 모든 사람이 다 같이 질서를 지키고 사는 것이 무질서한 사회에서 사는 것보다 훨씬 더 편리하다고 말한다. 싱가포르의 경우 사회질서를 확립하기 위해 엄정한 법을 만들었다. 처음에는 국민들이 무거운 처벌이 두려워서 법질서를 지키게 된 것이 사실이다. 그러나 이제는 모든 국민이 법질서를 지키고, 남에게 피해를 주지 않는 깨끗하고 청렴한 국가가 되었다. 물론 싱가포르는 엄정한 법 집행만 한 것은 아니다. 청년 리콴유는 35세에 수상이 되자마자 제일 먼저 시작한 것이 빗자루를 들고 동네 사람들과 쓰레기통 같은 골목길을 쓰는 것을 시작으로 국토 클린 운동을 시작했다. 솔선수범 리더십의 표상이다.

리콴유의 생각처럼 한 나라가 발전하기 위하여 가장 먼저 필요한 것은 민주주의보다 규율과 질서이다. 규율과 질서가 갖추어지지 않은 사회에서는 아무것도 할 수 없다. 규율과 질서를 지키는 사람만이 민주주의를 수호하기 위해 투쟁할 자격도 있는 것이다. 안전하고 질서 있는 청렴한 선진 국가 건설, 깨끗한 환경에 답이 있다.

PART7 _ 환경의 힘

05

# 쓰레기 버리는 습관

　　　　　🖊 우리가 열심히 일하고 휴가철을 맞아 잠시나마 심신을 달래기 위해 가족 친지들과 함께 가장 많이 찾는 곳은 산과 바다이다. 나무가 우거진, 아직 오염되지 않은 깊은 산속이나 푸른 물결이 출렁이는 바닷가는 지친 우리의 심신을 달래주고, 새로운 활력소를 얻게 하는 쉼터이다. 그런데 휴가철이 지나면 바닷가나 계곡은 쓰레기 처리에 몸살을 앓는 것이 우리의 현실이다. 환경은 사람에 의해 오염된다. 사람들은 먹고 마시고 놀다가 습관적으로 쓰레기를 버리고 간다. 그래서 다음에 우리가 다시 찾아야 할 계곡과 바닷가가 오염되어가고 있다. 계곡에 버린 쓰레기들은 장마철이 지나면서 강으로 떠내려간다. 쓰레기의 일부는 강가로 떠밀려 올라오지만, 대부분 오물들은 바다로 흘러들어가 물고기 밥이 된다. 결국, 오염된 물에서 자란 해산물들을 우리가 먹어야 한다. 인간이 만들어낸 오염 물질은 주로 대기와 물순환에 의해 환경문제를 유발한다. 오염 물질은 인간 삶의 기본이 되는 물과 공기를 오염시키고, 우리의 먹거리를 제공하는 토질을 오염시킨다. 산성비, 스모그, 미

세먼지, 지구온난화의 원인은 여러 가지가 있겠지만, 주범은 역시 생활 쓰레기, 산업 폐기물이다. 우리가 버리는 쓰레기가 결국 지구 환경오염의 주범이다. 인간이 쓰레기를 버리는 한 지구는 계속 오염되어갈 것이다. 지구의 오염은 기성세대의 책임이 크다. 다음 세대에게 깨끗한 지구를 물려주기 위한 우리의 노력은 무엇인가?

유엔 환경 계획 사무총장을 지낸 세계적인 환경 지도자 클라우스 퇴퍼는 『위기에 빠진 지구』라는 책에서 "전 지구적으로 환경 위기가 고조되는 상황에서 미래 환경을 삶의 터전으로 삼아야 할 청소년들이야말로 환경문제에 관한 관심과 정보와 실천 자세를 가져야 하는 세대이다."라고 했다. 아마도 청소년들은 앞으로 환경 위기가 야기하는 고통을 가장 힘겹게 짊어져야 할 세대가 될지도 모른다. 이대로 가면 지구 환경의 악화 속에서 경제도, 삶의 기반도 흔들릴 수밖에 없기 때문이다. 이 책은 입시와 취업 문제에 묻혀 근시안적으로 세상을 살아가는 한국의 젊은 세대들이 한번 읽어 볼 만한 책이다. 좀 더 넓은 시각으로 환경문제를 바라보고, 문제의식을 공유하여 환경의 보전과 그것을 통한 안정을 이루어 나가는 의식 있는 세계시민으로 성장하는 데 꼭 필요한 환경 교과서이다. 일부 초등학교에서는 학생들이 청소하게 되면 공부에 지장이 된다고 해서 청소는 용역업체에 맡긴다고 한다. 한 번 다시 생각해볼 일이다. 청소란 깨끗이 하는 것 이상의 의미가 있다. 청소에는 사람을 주도적으로 변화시키는 힘이 있다. 이것은 스스로 청소를 하는 사람에게만 주어지는 특권이다.

쓰레기를 버리는 것도 습관이다. 쓰레기를 함부로 버리는 습관을 바로잡는 것은 법이나 제도, 훈계만으로는 한계가 있다. 어려서부터 아이들이 가정이나 학교에서 자기가 생활하는 환경을 스스로 청소하고 정리 정돈하는 것이 습관화되도록 훈련되어야 한다. 이렇게 훈련된 아이들은 어른이 되어서도 쓰레기를 버리지 않는다. 우리는 오늘도 오염되어가는 지구촌에서 쓰레기를 버리는 사람들과 쓰레기를 줍는 사람들이 공존하는 사회에서 살아가고 있다. 나는 지금 쓰레기를 버리는 사람인가, 줍는 사람인가? 한 번 생각해볼 일이다.

PART 7 _ 환경의 힘

## 06

# 청소는 수행(修行)이다

 절에서 수행 승의 하루는 이른 새벽 좌선을 시작으로 하여 저녁 공양 후의 밤 좌선으로 마무리된다. 좌선이 정(靜)의 수행이라면 청소는 동(動)의 수행이다. 이른 아침 북소리를 신호로 수행 승들은 모두 달려 나온다. 그리고 일제히 청소를 시작한다. 청소 시간은 온 힘을 다해 몸을 움직이고 눈앞의 작업에 집중한다. 잡담할 틈도 없다. 같은 청소라도 마지못해 대충대충 하는 청소와 주도적인 생각을 가지고 마음을 담아 하는 청소는 질이 다르다. '귀찮은데, 싫은데' 하는 생각으로 청소해서는 결코 마음을 닦을 수가 없다. 정성을 담아 청소하게 되면 어느덧 마음에는 상쾌한 바람이 불어온다. 스님에게 있어서 청소는 단순한 더러움을 닦아내는 것이 아니라, 자신의 마음을 닦기 위한 일종의 수행(修行)과도 같다. 사람은 태어나면서 한 점 흐림도 없는 거울 같은 마음을 갖고 태어나는데, 살아가는 동안 마음속에 티끌과 먼지가 쌓인다. 이런 티끌과 먼지를 털어내고, 본래의 거울 같은 마음으로 되돌리기 위해 하는 것이 바로 청소이다. 청소할 때 그날의 근심거리나 고민을 모두 잊고, 눈앞의 더러움을 털어내며 쓰레기를 치우는 데 집중하면 그 시간은 분명 깨달음으로 이어진다. 필요 없는 것들을 정리하고 그 의미를 다시 생각해보면서, 새로운 무언가를 얻는 것이 아니라 불필요한 뭔가를 내려놓는 것이야말로 진정한 행복으로 가는 길이라는 것을 깨닫는다. 또한, "지금 나는 집착이나 미움, 질투 등으로 흩어진 마음을 닦고 있다."라고 생각하면 귀찮은 청소 시간이 즐거운 시간이 된다.

자신에게 필요하지 않은 물건을 내려놓고 주변뿐만 아니라 마음까지도 청소하여 심플한 상태가 되면, 두꺼운 구름에 덮여 보이지 않았던 '본래의 자신'과 만날 수 있다. 그러면 사람은 자유로운 경지에 접어들고, 정말 필요한 물건들에만 둘러싸여 살아가는 온화한 날들이 시작된다. 또한, 맑은 환경에서 맑은 마음이 생겨나기 때문에 작은 자연의 변화나 사소한 일에도 감동하게 되고, 고마움을 느끼며 감사하는 시간이 늘어난다. 이러한 마음의 여유와 감사의 시간이야말로 삶을 풍요롭게 한다. 청소란 결국 마음을 닦는 것, 본래의 나를 만나는 것, 인생을 풍요롭게 하는 것이다. 이상은 일본의 스님이자 세계적인 정원 디자이너인 마스노 순묘 스님이 쓴 『스님의 청소법』이란 책에 나오는 이야기이다. 스님은 "인생을 바꾸기 위한 노력을 밖에서 찾지 말고 내 발밑부터 살펴보라."라고 조언한다.

피터 드러커는 "성공의 왕도는 쓸데없는 일에 시간을 낭비하지 않는 것이다."라고 했다. 회사에서 샐러리맨 한 사람이 서류와 물건을 찾느라 일 년에 낭비하는 시간은 대략 150시간이라고 한다. 즉 1년에 한 달이라는 근무시간이 서류 찾는 데 스트레스를 받으며 낭비하고 있다는 것이다. 내 주변이 깨끗해지면 내 마음이 깨끗해지고, 내가 하는 일의 능률이 오르며, 내 인생의 또 다른 변화가 시작된다. 지저분한 환경은 초점을 잃어버린 내 인생의 축소판이다. 정리 정돈은 인생을 단순하게 만들고, 집중해야 할 일과 인생의 초점이 무엇인지를 보여주는 성공의 위대한 지표가 된다. 내 생활 주변을 깨끗이 하면 내 마음도 깨끗해진다. 청소는 움직임의 수행(修行)이다. 수행은 청소를 직접 하는 사람에게만 주어지는 선물이다. 내가 생활하는 공간을 스스로 정리 정돈하고 청소하는 것이 습관화될 때 수행이 된다. 공부방을 깨끗이 하고 정리 정돈을 잘하는 학생이 공부도 잘한다. 집안이 깨끗하면 가족 간의 불필요한 잔소리도 없어지고, 우울증이나 스트레스도 사라진다. 행복이란 놈은 큰 집, 화려한 가구보다는 깨끗한 곳에 머물기를 좋아한다. 내가 생활하는 장소는 내 마음 상태를 나타내는 공간이다.

PART 7 _ 환경의 힘

07

# 미니멀 라이프(Minimal Life)

최근 미니멀 라이프에 관심을 갖는 사람들이 많아지고 있다. 미니멀 라이프란 필요한 것 이외에는 가지지 않는 단순한 생활 방식을 말한다. 일본 도쿄 인근에 특이한 삶을 사는 사람이 있다. 30대 중반 두 자녀를 둔 주부 아즈마 가나코 씨이다. 가나코 씨 집에는 어느 집에나 있는 가전제품이 없다. 냉장고도 없고, 세탁기, 청소기도 없다. 에어컨도 없고, 2층 전통 가옥에 조명이라고는 전구 3개뿐이다. 서랍장에 옷은 달랑 세 벌뿐이다. 한 달 전기 요금이 500엔(약 5,000원) 정도 되고, 생활 쓰레기와 음식 쓰레기도 거의 안 나온다. 텃밭에서 채소를 가꾸고 오골계, 메추리까지 키우며 유기농 자급자족까지 한다. 가나코 씨는 이러한 일상을 『궁극의 미니멀 라이프』라는 책에 담았다. 이 책에 소개된 내용은 늘 모자라는 돈, 불안한 미래, 옷장과 수납장에 넘쳐나는 물건, 매일 나오는 쓰레기들, 지나친 편리를 추구하는 현대인들에게 신선한 충격으로 다가온다.

산골 오지도 아니고 도심 주택가에서, 너무 힘들지 않을까? 과연 이런 생활이 가능할까? "힘드시겠어요.", "너무 무리하는 거 아니에요?"라는 질문에 저자의 명쾌한 대답은 이렇다. "세탁기가 없어도 대야만 있으면 됩니다. 청소기가 없어도 빗자루만 있으면 됩니다. 냉장고가 없어도 식료품은 필요한 양만 사고, 상온에서 보존할 수 없는 것들은 며칠 이내에 먹거나 보존식품으로 만들기 때문에 냉장고에 쟁여둘 일이 없어 오히려 신선한 식품을 먹을 수 있어서 좋아요. 그냥 이 생활이 좋아서 하는 거예요. 세탁은 대야에 물을 받아 비누를 녹여 담가두고, 오염이 심할 때는 빨래판을 이용하면 돼요. 청소는 기본적으로 빗자루와 걸레로 해요. 작은 텔레비전 하나 있지만, 남편이 볼 때만 벽장에서 꺼내요." 그녀의 집은 2층 일본 전통 주택, 조명은 전구 3개가 전부이다. 거실과 부엌과 목욕탕에 한 개씩 있고, 기본적으로 어두울 때는 요리를 하지 않기 때문에 부엌 조명은 거의 쓰지 않는다. 낮에 여러 가지 일을 끝내고 해가 지고 어두워지면 잠자리에 든다. 6살과 3살 된 아이들도 매일 저녁 7시경이면 잠자리에 든다. 당연히 에어컨도 없다. 여름에는 부채를 쓰거나 창문을 열어 통풍하고, 마당에 녹색식물을 키워 커튼을 만들고, 겨울이면 이불이나 담요를 덮고, 화로에 숯을 넣어 온기를 얻는다. 그녀는 미니멀 라이프를 즐기다 보니 몸을 많이 움직이게 되어 몸도, 머리도 건강해지고, 주변에 꼭 필요한 물건만 있으니 물건에 대한 애착이 더 생긴다고 말한다. 돈을 많이 쓰지 않고도 넉넉하게 살 수 있고, 남과 비교할 필요도 없으니 항상 있는 것에 감사하며 행복하게 살 수 있다는 것이다.

이 책을 읽으면서 50년대 우리 부모님들께서 사시던 모습이 생각난다. 그때는 모두 그렇게 살았다. 현대 문명의 편리함을 뒤로하고 모두 이렇게 산다는 것은 현실적이지 못하다. 그러나 그 정신은 본받을 만하다. 버리고, 비우기의 최고 경지는 '욕심과 집착 내려놓기'다. 비우고 덜어내다 보면 정말 우리 삶에서 간절히 덜어내야 할 것이 물건뿐만이 아니라는 것이다. 불필요한 인간관계, 상념, 걱정, 식욕 등 비워야 할 대상은 마음먹기에 따라 얼마든지 있다는 것이다. 스티브 잡스는 매일 블랙 터틀넥, 리바이스 청바지, 뉴발란스 운동화만 고집했고, 페이스북 창설자 저커버그는 회색 티만을 선호했다고 한다. 같은 옷을 즐겨 입는 이유에 대한 질문에 그들은 이렇게 대답했다. 첫째는 유니폼이 주는 단결성을 나타내기 위함이고, 둘째는 옷 고르는 데 걸리는 시간을 절약해서 제품과 서비스를 만드는 데 쏟기 위함이라고 했다. 물질 만능 시대에 풍요 속에 빈곤을 느끼며, 남과 비교하느라 스스로 불행해 하는 현대인들에게 단순함을 추구하는 미니멀리즘은 시사하는 바가 크다.

PART7_ 환경의 힘

## 08
# 교장 선생님, 쓰레기 여기도 있어요

 어느 초등학교 아침 등교 시간에 있었던 일이다. 이 학교 교장 선생님이 학생들과 함께 운동장을 지나다가 앞에 떨어진 휴지를 주웠다. 뒤에 따라오던 한 학생이 큰 소리로 교장 선생님을 불렀다. "교장 선생님, 휴지 여기도 있어요." 교장 선생님이 뒤를 돌아다보았다. 자세히 살펴보니 그 학생 앞에도 휴지가 떨어져있었다. 이 이야기는 그냥 하나의 우스갯소리로 듣고 넘기기에는 많은 여운이 남는다. 우리가 자랄 때는 학교에서 청소 당번이 있었다. 방과 후에 돌아가면서 교실이나 교정을 스스로 청소하곤 했다. 청소 당번이 돌아오면 귀찮기는 했지만, 함부로 버려진 쓰레기를 주우면서 '나는 쓰레기를 버리지 말아야겠다.'라는 생각을 했던 기억이 난다.

요즘 학생들은 청소를 모르고 자라는 것 같다. 학생들에게 청소하게 하는 것을 학부모들도 별로 좋아하지 않는다는 것이다. 필요하면 학부모들이 돌아가면서 청소를 하던가, 전문 업체에 청소 일을 맡기면 된다는 생각을 하는 것이다. 우리 아이는 지금 공부하는 데도 시간이 부족하니 청소하는 데 시간을 뺏겨서 안 된다는 생각이 지배적이다. 좋게 생각하면 우리 부모들의 이러한 교육열이 우리나라 발전의 원동력이 되는 것은 사실이다. 그러나 다른 한편으로 생각해보면 가정이나 학교에서 청소를 안 해본 아이들이 성인이 되어서도, 자기 생활 주변에 쓰레기를 버리고 청소도 할 줄 모르는 어른이 된다면 이 사회는 어떻게 되겠는가? 우리나라는 이제 경제 규모로는 세계 10위 권을 넘보고 있지만, 외국 사람들은 아직 우리나라를 선진국이라고 부르지는 않는다. 아직도 야구 경기장이나 불꽃놀이, 벚꽃놀이 행사 뒤에는 수십 트럭의 쓰레기가 나온다. 길거리에서는 담배꽁초나 쓰레기를 버리는 사람들을 흔히 볼 수 있다. 어려서부터 쓰레기를 줍고 주변 청소를 스스로 하면서 자라난 아이들은 어른이 되어서도 쓰레기를 버리지 않게 된다. 쓰레기 버리는 습관을 없애는 것은 교육으로 되는 것이 아니라 어려서부터 평소에 자기가 생활하는 환경을 스스로 청소하는 것이 습관화되어야 한다. 일본 친구에게 들은 이야기이다. 일본에서는 아이들이 초등학교에 입학하면 제일 먼저 하는 교육이 '남에게 피해를 주지 말자'이고, 제일 먼저 주는 숙제가 '책상 닦는 걸레 만들어오기'라고 한다. 어려서부터 공부하는 책상부터 스스로 닦도록 한다는 것이다.

    지구환경오염의 주범은 쓰레기이다. 지금도 지구는 쓰레기로 몸살을 앓고 있다. 우리가 무심코 버린 쓰레기가 개천을 따라 바다로 흘러들어 해양을 오염시키고, 주변 환경을 오염시킨다. 해산물은 쓰레기를 먹고 자라게 되고, 결국 그 해산물을 다시 우리가 먹어야 한다. 청소에는 사람을 변화시키는 힘이 있다. 청소하는 가운데 자기 수양이 되고, 남에게 피해를 주지 않는 습관이 생기기 때문이다. 청소를 깨끗이 하면 마음도 깨끗해지고, 머리도 깨끗해진다. 자기 주변을 스스로 깨끗이 하고, 질서 의식을 가지고 사는 사람들이 사는 사회가 선진국이다. 지금도 이 세상에는 쓰레기를 버리는 사람들과 쓰레기를 줍는 사람들이 공존하며 살아가고 있다. 지금 나는 그리고 우리 자녀들은 어떤 쪽에 속하는가? 혹시 우리 자녀는 "교장 선생님, 휴지 여기도 있어요."라고 하지는 않는지, 한 번 생각해볼 일이다. 환경오염의 주범은 사람이다. 다시 강조하지만 모든 사람이 자기가 생활하는 환경을 스스로 깨끗이 하고 남에게 피해를 주지 않는 문화가 형성될 때 깨끗하고 질서 있는 선진 대한민국이 될 것이다.

PART7_ 환경의 힘

## 09

# 캐나다 사람들의
# 질서 의식

✎ 캐나다에서 처음으로 운전대를 잡았다. 그동안 몇 차례 캐나다를 방문할 기회가 있었으나 주로 사위에게 신세를 지거나 택시를 이용했다. 그런데 이번에는 방문 기간이 좀 길어 국제 운전면허를 발급받아 가지고 왔다. 간단한 교통법규 설명만을 들은 후 거리로 차를 몰고 나갔다. 내비게이션 덕분에 길을 찾는 데는 큰 어려움은 없었다. 도로에 나가면서 먼저 안전하다는 느낌을 받았다. 규정 속도를 위반하는 사람도 없고, 경적을 울리는 사람도 없다. 깜빡이를 켜고 차선 변경을 하려고 하니 상대방이 속도를 줄여서 차선을 양보한다. 신호등 없는 사거리에서는 먼저 도착한 차량 순서대로 물 흐르듯 질서 있게 차량이 이동한다. 횡단보도 근방에서는 사람이 시야에 나타나면 사람들이 다 건널 때까지 모든 차량이 정지해 서있다. 어린이 보호구역에서는 속도를 줄이는 것은 물론이고, 일단 정지선에서는 사람이 보이지 않아도 정지하여 좌우를 살핀 다음 이동한다. 사람들은 길거리에서 차를 조심하지 않아

도 안전하다. 내비게이션에는 제한속도와 현재 속도만을 지시해주고 속도위반 단속 카메라 위치를 알려주는 기능은 없으니, 단속 카메라를 피해서 과속하는 사람도 없다. 한 번은 우버 택시를 탔다. 뒷좌석에 앉았는데 기사가 좌석벨트를 매었는지를 확인한 다음에야 출발한다. 캐나다의 교통 위반 범칙금은 우리나라보다 훨씬 비싼 편이다. 운전 중 핸드폰 사용 시 50만 원, 신호 위반 시 15만 원, 30km 이상 과속 시 40만 원의 벌금을 내야 하고 벌점 제도도 엄격하다. 경찰의 권위는 절대적이며, 시민들로부터 존경을 받는다.

캐나다 사람들은 운전면허는 운전할 수 있는 권리라기보다는 사람들의 안전을 보호할 수 있는 자격을 얻은 것으로 생각하는 것 같다. 차는 편리한 문명의 이기이지만, 잘못 사용하면 권총보다도 더 많은 사람을 희생시킬 수 있는 무기이기 때문에 사람 우선으로 운전하는 것을 기본으로 생각한다. 이들은 자신의 나라에 대한 자부심과 긍지가 대단하다. 시민들은 내 나라 규범과 사회 공동체는 우리 스스로 지켜야 한다는 사명감과 책임감이 뚜렷하다. 그래서 평소에는 친절하고 관대하지만, 사회 질서를 어지럽히는 행위를 보면 냉정하게 돌변한다. 어려서부터 교육을 통해 신고 정신을 심어주어 질서를 위반하는 것을 목격하면 즉시 신고하는 것을 생활화하고 있다.

이러한 질서 의식은 어디서 생겨나는 것일까? 손녀가 한국에서 유치원을 다니다가 아빠를 따라 이곳에 와서 초등학교 1학년에 입학했다. 3개월쯤 후에 엄마가 학교에 방문하여 담임 선생님을 만났다.

"우리 딸이 어린 나이에 이곳에 와서 학교 수업을 잘 따라 하는지 걱정이 됩니다."

"걱정하실 것 없습니다. 소율이가 우리 반에서 영어책을 제일 잘 읽는걸요."

처음에는 잘못 알아들은 줄 알았는데 나중에 알게 되었다. 이곳에서는 취학 전 아이들에게 글자를 많이 가르치지 않는다는 것이다. 보육원에서 어린아이들에게 가르치는 교육은 글자나 지식이 아니다. 자연과 접하며 아이들과 함께 뛰놀면서 사회성을 배우며, 인사하기나 자기 물건 정리하기, 칫솔질, 화장실 사용법, 밥 먹는 예절, 교통질서와 같은 생활에서 지켜야 할 예절들을 주로 가르친다는 것이다. 캐나다 국민의 질서 의식은 어린이 교육으로부터 형성된다는 것을 알게 되었다. 부모가 어려서부터 밥상머리 교육으로 질서 의식을 가르치고, 이것이 학교교육으로 연결된다. 어른들의 솔선수범을 보고 자란 아이들이 커서 남을 배려하고 질서를 존중하는 성인이 되어 안전하고 품위 있는 사회의 기반을 이루는 것이다.

PART 7_ 환경의 힘

## 10

# 지구는
# 인류가 사는 큰 집이다

🖉 미국의 저명한 저널리스트이자 교수인 엘런 와이즈먼은 오염되어가는 지구의 앞날을 생각하며 『인간 없는 세상』이라는 책을 썼다. 세상의 모든 인간이 어떤 사정으로든 지구상에서 지금 이 순간 갑자기 사라진다면 어떤 일이 일어날까? 라는 역발상이다. 이 책은 한 편의 공상 영화 같은 느낌도 들지만, 인간이 지구에게 주고 있는 상처가 얼마나 큰 것인지에 대한 깊은 반성을 하게 하는 책이다. 저자는 이 책을 쓰기 위해서 한국의 DMZ를 포함해서 아마존, 아프리카, 북극, 체르노빌, 미국 텍사스의 석유화학 지대, 동유럽의 원시림 등 전 세계 곳곳을 누비며 관찰하고 고생물학자, 해양생태학자, 지질학자, 환경 운동가 등 다양한 분야의 전문가들과 만나 인간이 사라진 이후 인류가 남긴 흔적이 지워지는 모습을 예측하고 상상해보았다. 우크라이나 체르노빌, 도시 전체가 사람이라고는 존재하지 않고 모든 건물과 시설들이 망쳐버린 그곳, 나무와 풀들이 타버리고 방사능에 오염된 그곳에서 그는 새로 시작

되는 생명을 보게 된다. 절대 복구될 수 없던 체르노빌은 사람이 떠나고 나니 스스로 알아서 생명을 복구하기 시작하는 것이다. 한국의 비무장지대를 방문한 저자는 50년 동안 민간인 출입이 통제된 비무장지대에서 사라졌던 동식물들이 다시 돌아오고, 멸종 위기의 야생종에게 더할 수 없는 보금자리를 내어주고 있는 것을 보았다.

자연은 사람처럼 스스로 감당할 수 있는 치유력을 가지고 있다. 그러나 받은 상처가 깊으면 회복하는 데 많은 시간이 걸린다는 것을 증명해 보였다. 북태평양 아열대 환류에 가면 태평양 대 쓰레기장이 전개된다. 산업이 만들어낸 온갖 쓰레기가 모여 소용돌이치고 있다. 1주일 동안 건너야 할 정도로 넓은 바다에 떠다니고 있는 것은 경악할 정도로 많다. 컵, 병뚜껑, 그물망, 비닐봉지, 맥주 팩 등의 쓰레기들인데, 그중 90% 이상이 플라스틱 종류라는 것이다. 쓰레기 중 가장 오래 남는 것은 플라스틱이다. 플라스틱을 분해하는 미생물이 진화하기까지는 수십만 년이 걸릴지도 모른다는 것이다. 인류는 지금 분해되려면 수많은 세월이 흘러야 하는 발암물질을 비롯한 각종 오염 물질, PVC, 플라스틱 등을 산과 바다에 버리고 있다. 산업 시대, 자본주의의 최대 결과물들은 다 쓰고 나면 지구에 버려져 오히려 우리에게 위협으로 다가오고 있다. 세상을 발로 뛰며 전해준 저자의 소식은 '인간이 자연과 더불어 행복하게 살기 위해서 어떻게 살아야 하는가?'라는 심각한 질문을 던져주고 있다. '풍족한 환경을 즐기기보다는 후세에게 살기 좋은 미래를 제공하기 위해 인류가 무엇을 해야 할 것인가?'에 대한 깊은 생각을 하게 한다.

지구는 인간에 의해서 지금도 오염되고, 파괴되어가고 있다. 인간이 살면서 버리는 쓰레기, 오염 물질, 산업 개발 과정에서 생성되는 화학물

질들을 통해 자연은 훼손되고, 산천과 공기가 오염되어가고 있다. 지구는 인류가 사는 집과 같다. 깨끗하게 살다가 후손들에게 물려주어야 할 큰 집이다. 집안이 깨끗해지려면 온 가족이 집을 깨끗하게 사용해야 하는 것처럼 지구가 깨끗해지려면 온 인류가 자기가 생활하는 환경을 스스로 책임지는 문화가 형성되어야 한다. 앞장에서 소개한 환경 품질 책임제(RBPS)는 자기가 생활하는 환경의 품질을 스스로 책임진다는 사고를 시작으로 구축된 혁신 시스템이다. 평소에 자기가 생활하는 환경을 스스로 책임지는 것이 생활화된 사람은 쓰레기를 함부로 버리지도 않고, 오염 물질을 만들지도 않게 될 것이다. 환경 품질 책임제(RBPS)가 지구촌에 시스템적으로 정착되면 깨끗한 지구를 만들 수 있는 대안이 될 수 있다.

사람들은 모두 행복하게 살기를 원한다. 행복한 삶에 기술이 있다면 어떤 상황에서도 행복을 경험할 수 있는 마음의 기술과 행복을 경험할 수 있는 상황을 만들어내는 환경 기술이 있을 것이다. 행복한 사람들은 이 두 가지 기술을 균형 있게 잘 사용하는 사람들이다. 행복하게 살기 위해서는 긍정적인 삶의 태도, 건강, 명상, 감사 등 마음의 기술도 중요하지만, 행복한 가정환경, 아름다운 자연환경, 갈등이 적은 사회, 행복한 사람들과의 만남 등 주변 환경에 더 많은 영향을 받는다. 결국, 사람은 혼자 행복해지는 데는 한계가 있고, 행복한 환경에서 사람들과 좋은 관계를 유지하고 긍정적인 감정 경험을 쌓아가며 사는 것이 행복한 삶을 살아가는 것이라는 생각을 해본다. 깨끗하고 질서 있는 사회에서 사는 사람들이 지저분하고 무질서한 사회에서 사는 사람들보다 행복 지수가 높다. 지구는 온 인류가 깨끗하게 사용해야 할 큰 집이다.

PART7_ 환경의 힘

## 11
# 행복도 환경이다

 최인철 교수가 『굿 라이프』라는 책을 읽으면서 '행복한 삶'에 관한 짧은 생각을 한번 정리해본다. 사람들은 누구나 행복하게 살기를 원한다. 더 행복하게 살고 싶어 이민을 떠나는 사람들도 많다. 행복은 어디서 오는 것일까? 유전적인 요소에서 오는 것일까? 환경적인 요소에 기인하는 것일까? 2015년 기준 전 세계 이민자 수는 2억5천만 명에 이른다. 행복한 삶을 위해 조국을 떠난 그들은 과연 더 행복해졌을까? 만일 유전이 행복을 결정하는 요인이라면 아무리 더 나은 국가에 정착했더라도 이민자들의 행복은 별로 나아지지 않을 것이다. 그러나 행복이 경제적 여건이나 사회문화적 환경, 그리고 그 환경이 제공하는 라이프 스타일에 크게 영향을 받는다면, 이민자들의 행복은 자기 조국의 행복 수준을 뛰어넘어 새롭게 정착한 국가의 행복 수준에 이르게 될 것이다. 갤럽에서 2015년부터 2017년까지의 이민자 수 약 9,300명 중, 이민자가 가장 많은 캐나다와 영국의 경우를 조사했다. 이곳으로 이민 온 다양한 국적의 이민자들 행복점수가 자기 조국의 행복지수와 비슷한지, 아니면 이민 와서 살고 있는 나라의 행복 점수와 비슷한지를 알아보기 위한 것이었다. 캐나다에 이민 온 총 100개국 출신 사람들의 행복 지수를 측정한 결과, 그들의 행복 수준은 출신 국가의 행복 수준이 아니라 캐나다 자국민들의 행복 수준과 유사한 것으로 나타났다. 영국도 마찬가지였다. 총 70개국 이민자들을 조사한 결과, 그들은 출신국의 행복 수준과 무관하게 영국 자국민들과 유사한 행복 수준을 경험하고 있었다. 이 분석을 주도한 연구자들은 "행복은 거주하고 있는 사회의 질에 따라 변할 수 있고, 실제로도 변한다."라고 결론 내리고 있다. 한편, 하버드대학교 조지 베일런트 교수는 72년 동안 814명의 하버드대 졸업생의 일생을 관찰하여 보고서를 냈다. 졸업생 814명 중 80세까지 건강하게 산 사람은 고작 62명이었는데, 이들이 건강하고 행복하게 살 수 있었던 7가지 조건을 찾아냈다. 어려움을 대처하는 성숙한 자세, 원만한 결혼 생활, 알맞은 교육, 규칙적인 운동, 금연, 금주 또는 적절한 음주, 적당한 체중 등이 그것이다.

사람들은 보통 행복의 조건으로 돈, 사회적 지위, 지성 등을 떠올리지만, 연구 결과에 의하면 행복의 조건은 원만한 인간관계와 사회적 환경이 더 중요한 것으로 나타났다. 행복은 뇌에서 느끼는 쾌감이라고 정의한다. 행복에도 근육이 필요하다. 짧은 시간이라도 매일매일 근육운동을 해야 몸에 근육이 생기는 것처럼, 하루하루 가족, 친구, 동료, 등 다양한 인간관계 속에서 그때그때 소소한 행복을 느끼는 것이 훈련되면 행복감도 진화된다는 것이다. 꾸준한 경제성장에도 불구하고 우리나라 사람들이 비교적 행복감이 떨어지는 것은 삶의 수준이 아니라 학벌, 직장, 사는 동네, 차종, 아이들 성적 같은 서열화된 수직적 가치관이 지배하는 사회에서 스스로 남과 비교하며 살기 때문인지도 모른다. 결국, 행복한 삶이란 긍정적인 감정 경험을 늘려가고 좋은 사회환경에서 사람들과 좋은 관계를 유지하며 하루하루 소소한 행복을 느끼며 살아가는 삶이라는 생각을 해본다.

PART 8_ 의미 있는 삶

01

# 가치 있는 삶

✎ 필자가 전에 중소기업 사장으로 근무할 때 일이다. 대기업 출신 중역 한 사람을 영입했다. 평소에 업무 관계로 익히 잘 알고 있는 유능한 분이었다. 첫 출근하는 날, 차 한잔하면서 이런 이야기를 들려주었다. "김 전무님, 저희 회사에 와서 함께 일하게 되어 반갑습니다. 앞으로 힘을 합쳐 열심히 한번 해봅시다. 한 가지 부탁하고 싶은 것은 중소기업은 대기업과 달라서 1인 3역을 해야 합니다. 대기업과 비교하면 인력도 열악하고, 시스템도 부실해서 중역이 일일이 세부적으로 직접 챙겨야 할 일이 많습니다. 적응하는 데 시간이 좀 걸릴 겁니다."

"예, 사장님. 잘 알고 있습니다. 그렇지 않아도 제가 근무하던 회사에서는 임원들이 퇴임하기 전에 재취업에 관한 프로그램을 진행하고 있는데, 그중 하나가 '관 체험' 행사입니다. 실제 관을 가져다 놓고 관에 눕게 한 다음, 뚜껑을 덮었다가 몇 분 뒤에 관 뚜껑을 여는 행사입니다. 퇴임하고 재취업을 하게 되면 죽었다가 다시 살아난다는 기분으로, 초심으로 돌아가서 새로 일을 시작하라는 뜻에서 하는 행사입니다. 깜깜한 관에 들어

가보니 불과 몇 분이지만 무섭기도 하고, 아무 욕심이 없어졌습니다. 오직 관 속을 빠져나갈 생각뿐이었습니다. 살아있다는 것이 얼마나 감사하고 고마운 것인지를 깨닫는 시간이었어요."

　죽음은 인류가 품고 있는 가장 중요한 주제 중 하나다. 삶을 마감한다는 것, 영원히 눈을 감는다는 것은 생각만 해도 아득하고, 무섭게 느껴지는 일이다. 리처드 로어(Richard Rohr)가 그의 책에서 소개한 바에 따르면, 잠시 죽음을 맞을 뻔했던 이들은 그 후의 삶에서 다음과 같은 중요한 변화를 보인다고 한다. 첫째는 무섭도록 현재에 집중한다. 많은 이들은 현재보다 과거 또는 미래에 연연하며 살아간다. 이미 일어났거나 일어나지 않은 것을 바라보며 하루하루를 보낸다. 하지만 우리가 사는 시간은 과거나 미래가 아닌 현재다. 죽음의 문까지 갈 뻔했던 사람들은 이런 사실을 무척 깊게 체득하고, 현재에 충실하며 살아간다. 둘째는 깊은 자신감을 갖는다. 참된 자신을 찾지 못한 사람들은 항상 자기 자신에 대해 불안해하고, 불안정하다고 느끼지만 아찔한 경험을 한 이들은 살아있는 것만으로도 많은 것이 충족된다는 사실을 알고, 탄탄한 자신감을 유지한다. 셋째는 물질적 소유에 대한 욕심이 사라진다. 그들은 행복이란 것이 쇼핑몰이나 더 크고 좋은 집, 세련되고 멋진 차로 향하는 여정에서 얻을 수 있는 것이 아니란 것을 안다. 넷째, 정신적인 것에 대해 관심을 둔다. 잠시 아찔한 경험을 했던 이들은 물질적인 것보다 영적인 것, 정신적인 것에 관심을 보인다. 다섯째, 공감 능력이 향상된다. 힘든 일, 어려운 일은 남에게만 일어나는 게 아니라는 것을 그들은 잘 안다. 여섯째, 관용적이 된다. 작은 일에 연연하지 않고, 너그럽게 용서할 줄 안다. 일곱째, 사랑을 답으로 삼는다. 그들은 모든 것이 우주와 연결되어있으며, 인간부터 자연까지 모든 것이 보이지 않는 실로 연결되어있다는 것을 알고 있다. 그래서 단순히 타인을 배척하는 등의 사고를 멈추고, 보편적인 사랑을 이야기한다. 여덟째, 고독과 고요를 즐긴다. 이들은 자신을 흥분시키는 음악을 선호하지 않으며, 자기 자신에 집중할 수 있는 평온하고 고요한 음악을 선호한다. 아홉째, 봉사 정신이 생긴다. 이들은 자기 자신이 혼자 만들어낸 작은 자아에 집착하기보다는 그보다 더 큰 자아를 만들 줄 안다. 베풀수록 새로운 것을 발견하고 더 가치 있는 삶이 된다는 사실을 그들은 잘 알고 있다. 마지막으로, 항상 감사한다. 없는 것에 대한 불평보다는 지금의 삶과 자신이 가진 것에 감사하는 마음을 가지고 살아간다.

 이 글을 보면서 인생의 가치 있는 삶이 무엇인지 다시 한 번 생각하게 되고, 나도 '관 체험'을 한번 해보고 싶은 생각이 든다.

PART 8 _ 의미 있는 삶

## 02
# 승부는
# 후반에서 결정된다

얼마 전 러시아 월드컵 최종 예선전이 있었다. 서울 월드컵경기장에서의 이란전에 이어, 타슈켄트 분요드코르 경기장에서 우즈베키스탄과의 경기가 이어졌다. 두 경기 중 한 경기만 이겨도 러시아 월드컵 본선에 나가는 아주 중요한 경기였다. 그런데 두 경기 모두 무승부를 기록하면서 운동장을 꽉 메웠던 관중들을 안타깝게 했다. 다행히 그동안 경기 결과에 따라 이란에 이어 A조 2위로 본선에 진출하게 되었지만 말이다. 축구 경기에서 승부는 결국 후반전에서 결정된다. 전반전의 실점은 만회가 가능하지만, 후반전의 실점은 만회가 불가능하기 때문이다. 축구 경기에는 전반전과 후반전 사이에 하프타임이 있다. 선수들이 잠시 휴식을 취하기도 하고, 전반전을 분석하여 후반전에 어떻게 대처할지, 감독의 작전을 듣고 승리의 각오를 다지는 소중한 시간이다.

인생에서도 하프타임이 필요하다. 언제나 바쁜 가운데 남보다 앞서기 위해 열심히 배우고 성취하고 획득하느라 정신없이 달리다 보면, 어느덧 인생의 후반전을 맞이하게 된다. 나는 내 인생을 걸고 성취해야 할 소명이 있는가? 정한 목표대로 잘 가고 있는가? 점검해볼 시간이 필요한 것이다. 축구 경기에서는 아쉽게 한 번 패하더라도 다음 경기가 있다. 열심히 훈련해서 다음 경기에 이기면 된다. 그러나 인생은 한 게임으로 끝난다. 다음 경기가 없다. 몇 년 전 강원도 어느 연수원에 특강을 하러 간 일이 있다. 처음 가는 곳이라 내비게이션에 의존하는 수밖에 없었다. 도착할 시간이 거의 다 되었는데 연수원 같은 건물은 보이지 않았다. 내비게이션이 인도하는 대로 도착한 곳은 연수원이 아니라 어느 시골 가게 앞이었다. 결국, 가게 주인에게 물어 연수원을 찾아갔지만 황당했다. 강의하러 갈 때는 항상 시간 여유를 가지고 다니는 습관 때문에 시간에 맞출 수 있었지만, 낭패를 볼 뻔했다. 목표를 잘못 정해놓고 열심히 달리면 잘못된 곳에 일찍 도착하게 된다.

스티븐 코비 박사는 『성공하는 사람들의 7가지 습관』이란 책에서 "목표를 확립하고 행동하라."라고 이야기한다. 정신없이 바쁜 생활을 하고 남보다 열심히 일해서 성공이라는 사다리에 올라갔을 때 그 사다리가 원하는 벽이 아닌 곳에 걸려있다는 것을 발견할 수도 있다. 우리는 사다리가 제대로 선 벽에 걸려있지 않는다면 빨리 올라갈수록 더욱 빨리 잘못된 곳으로 빠져버리는 결과를 얻게 된다. 인생의 목표를 확립하고 행동한다는 것은 우리가 가는 목적지를 정확히 이해하고 출발한다는 뜻이다. 인생의 하프타임은 사람마다 다르다. 40이 될 수도 있고, 50이 될 수도 있다. 어느 시점에 잠깐 하프타임을 부르고 지금까지 숨 가쁘게 달려온 뒤를 돌아보고 내가 달려온 길이 맞는지, 정해놓은 목표가 옳은지, 점검해보고 잘못된 길이라면 궤도 수정을 해야 한다. 우리가 가는 인생길은 단 한 번뿐이기 때문에 후반전이 끝날 무렵, 후회해도 소용이 없다. 하프타임은 성공적인 인생의 후반을 위해 삶의 방향을 재점검하는 시간이다. 『하프타임』의 저자 밥 버포드는 말한다. "내면의 음성에 주의를 기울이라. 그것이야말로, 애초에 설계된 본연의 모습으로 돌아가려는 영혼의 갈망이기 때문이다. 성공을 위해서 전반을 살았다면, 후반은 재능과 소질과 자원으로 봉사하는, 의미 있는 삶으로 생애 최고의 삶을 살아라." 이제라도 잠시 타임아웃을 요청하고 마음속 깊은 곳에서 들리는 은밀한 소리를 들으며 내 인생의 목표를 재점검해보고, 후반전 인생 전략을 세우는 하프타임을 가져보자.

PART 8 _ 의미 있는 삶

## 03

# 무엇을 남기고
# 갈 것인가?

✎ 얼마 전 한국 능률협회가 주관하는 최고경영자 조찬회에서 우리나라의 대표적인 철학자이며, 시대의 지성이신 김형석 교수님의 강의가 있었다. 이른 시간인데도 강의 시작 30분 전에 800여 석의 자리가 꽉 찼다. 금년 98세이신 김 교수님, 아직도 젊은 사람 못지않게 정정하시다. 옆에서 부축하는 사람도 없고, 원고도 없이 50분간 차분한 목소리로 조리 있게 깊은 여운이 남는 강의를 해주셨다. 1960년대에 교수님의 수필집 『고독이라는 병』, 『영원과 사랑의 대화』 같은 베스트셀러를 밤새워 읽었던 기억이 난다. 50여 년이 지난 최근에도 『어떻게 믿을 것인가』, 『백 년을 살아보니』 등 베스트셀러를 내셨다. 지금도 일주일에 2회 이상 강연을 하고, 하루에 40페이지의 원고를 쓰는 왕성한 활동을 하고 계시는 교수님의 열정과 체력은 어디서 나오는 것일까? 강의가 시작되기 전부터 기대감에 묵직한 침묵이 흘렀다.

인생의 황금기는 언제인가? 사람마다 인생의 황금기는 다르지만, 100

년 가까이 살아오신 교수님은 인생의 황금기를 60세에서 75세까지라고 말씀하신다. "60세 이전은 그저 바빠서 철없이 지냈던 세월이었지요. 사람이 육체적으로 늙는 것은 20대 성장이 멈추는 시기부터이지만, 정신적으로 늙는 것은 배움이 멈추는 시기부터입니다. 정신적인 성장과 인간적인 성숙은 노력만 하면 75세까지는 성장할 수 있고, 80까지는 사회에서 인정받을 수 있습니다. 인생은 60부터입니다. 60부터 하고 싶었던 공부를 다시 시작하십시오. 취미 활동도 시작하고, 돈이 안 되더라도 일을 놓지 말아야 합니다. 사람이 늙는다는 것은 꽃이 피었다가 열매를 맺고, 그 열매가 익어가는 것과 같습니다. 지혜를 갖춘 노년기와 지혜를 갖추지 못한 노년기는 많은 차이가 있습니다. 70이 되어서도 책을 읽고 지식을 넓히고, 갖고 있던 지식을 접거나 축소하지 말고, 유지하거나 넓혀나가야 합니다. 성실한 노력과 도전을 포기하면 모든 것을 상실하게 됩니다." 장수의 비결은 무엇일까? "건강하게 살려면 많이 움직여야 하는데, 나는 지금도 대중교통을 이용합니다. 버스나 지하철을 타기 위해서 걷고 움직이는 것이 육체적, 정신적 운동이 됩니다. 젊어서는 테니스를 좋아했는데, 나이 들면서는 혼자 쉽게 할 수 있는 수영을 일주일에 3회 정도 합니다."

인간다운 삶의 궁극적인 목표는 무엇인가? "일은 왜 하는가? 돈을 위해서 일하는 사람이 많습니다. 돈을 위해서 일하는 사람은 낮은 차원의 인생을 살게 되어있으나 일이 귀하기 때문에 하는 사람은 그 일의 가치만큼 보람과 행복을 더하게 되어있습니다. 일의 목표는 이웃과 사회에 봉사가 되어야 합니다. 자신만을 위해서 산 사람은 죽어서 남는 것이 없고, 가정만 생각하며 산 사람은 가문에 이름이 남고, 국가와 사회를 걱정하며 사는 사람은 그만큼 성장하게 되며 죽어서도 그 이름이 국가와 사회에 남게 됩니다. 남을 위해서 사는 삶이 남는 삶입니다." 무엇을 남기고 갈 것인가? "돈과 경제는 좀 더 인간다운 삶을 위한 수단이며 과정일 뿐입니다. 돈과 경제가 인생의 목적이라고 믿고 사는 사람들은 그것을 소유하기를 원하며, 소유욕은 한계가 없어서 자신은 물론 그 사회도 병들게 합니다. 나는 경제적으로는 중산층, 정신적으로는 상류층으로 살기를 원합니다. 얻은 지식으로 더 나은 세상을 만드는데 기여하고, 이웃에게 사랑을 나누어주는 삶이 행복한 삶입니다."

사람을 감동시키는 것은 스펙이 아니라 히스토리라는 말이 있다. 지식이 아니라 살아있는 전설, 98세 김 교수님의 산 경험과 철학이 녹아있는 담담하고 진솔한 울림이 있는 말씀은 강의가 끝났는데도 한참이나 넓은 강의장에 긴 여운으로 남아있었다.

PART8_ 의 미 있 는 삶

04

# 인생길에
# 정해진 매뉴얼이란 없다

🖋 몇 해 전 피지 여행을 다녀온 적이 있다. 남태평양 한가운데 약 330여 개의 크고 작은 섬으로 구성된 섬나라 피지. 공기가 맑고 자연이 아름답다. 코발트색 하늘에 솜사탕 같은 뭉게구름, 남태평양 에메랄드빛 산호바다, 수평선 너머로 멍석처럼 밀려드는 하얀 파도, 야자수 숲과 잘 어우러져 여기저기에 피어있는 아름다운 열대 꽃들, 울창한 숲속에서 평화롭게 지저귀는 새소리, 별이 쏟아질 듯이 가까이 보이는 해변의 밤하늘. 국민소득 5,000불밖에 안 되는 나라 피지. 좋은 집, 좋은 차도 별로 없다. 좋은 옷, 좋은 구두, 명품백을 들고 다니는 사람들도 안 보인다. 그런데 어떻게 세상에서 가장 행복한 나라로 불릴까? 운동하러 갔다가 클럽 하우스에서 매니저로 일하는 루제 타두미(Luse Tanumi)라는 여성을 만났다. "피지가 세계에서 가장 행복한 사람들이 사는 나라로 알려져 있는데, 그 비결이 무엇인가요?"라고 물었다. "피지 사람들은 생활신조가 있어요. '서두르지 마라(Don't Hurry), 걱정하지 마

라(Don't Worry), 행복하게 살아라(Be happy)'입니다. 피지 사람들은 스트레스를 받아가며 남과 경쟁해서 돈을 모으려고 하지 않습니다. 아름다운 자연과 어우러져 항상 감사하는 마음으로 살며, 즐겁게 일하고 좋은 것이 생기면 그때그때 가족, 이웃들과 나누며 하루하루를 행복하게 살아갑니다." 그러고 보니 피지에 있는 동안 서로 다투거나 얼굴을 붉히는 것을 한 번도 보지 못한 것 같다. "공중의 새를 보라. 심지도 않고 창고에 모아들이지도 아니하되 너희 천부께서 기르시니, 너희는 염려를 다 주께 맡기라."라고 한 성경 말씀대로 모든 염려를 하나님께 맡기고, 하루하루를 감사하고 즐겁게 지상천국을 꿈꾸며 살아가는 자유로운 영혼들이다.

2007년도 GM 한국 폴란드 법인 대표로 있을 때의 일이다. 합자회사를 설립하는데, 임원 선발 과정에서 부장으로 일하던 한 현지인을 불렀다. "미스터 마리우스, 당신이 일도 잘하고 영어도 능통해서 이번에 구매 담당 임원으로 선발하게 되었습니다. 앞으로 기대가 큽니다." 좋아하는 표정보다는 의외의 반응이었다. "디렉터 한, 고맙습니다. 그런데 일주일만 저에게 시간을 주십시오." 일주일 후에 찾아와 하는 말 "죄송합니다만 저는 임원 승진을 사양하고, 현재 부장 자리에서 열심히 일하겠습니다." 나중에 안 일이지만 집에 가서 아내와 상의한 결과, 월급이 좀 적더라고 중책을 맡아 스트레스받고 늦게까지 일하는 것보다 현재처럼 일찍 퇴근해서 가족들과 많은 시간을 보내기로 했다는 것이다. 남과 비교하고 경쟁하느라 스트레스 속에서 살아가는 우리 샐러리맨들과는 사뭇 다른 사고방식이다.

산을 오르는 데도 여러 갈래의 길이 있다. 급경사를 따라 가파르게 올라가는 길도 있고, 시간이 걸리더라도 능선을 따라 천천히 올라가는 코스도 있다. 어떤 길로 갈 것인지는 각자의 선택에 달려 있다. 어떤 코스가 좋다고 이야기하기도 어렵다. 가파르게 올라가는 길 주변에서는 물소리도 들리고 다람쥐도 볼 수 있다. 능선을 따라 올라가는 길에서는 파란 하늘을 볼 수 있고 넓은 들판도 보인다. 인생길도 마찬가지인 것 같다. 어떤 길로 가는 것이 좋은지는 사람마다 다르다. 단지 등산과 다른 것이 있다면 산은 길을 잘못 들어서도 다시 오르면 되지만, 인생길은 한 번으로 끝나기 때문에 잘 생각해서 가야 하는 것이 다를 뿐이다. 우리 인생길에 딱히 정해진 매뉴얼이란 없다.

PART 8 _ 의미 있는 삶

## 05

# 내 일이 있어야
# 내일이 있다 No my job, No tomorrow

🖋 내가 좋아하는 후배 둘이 있다. 후배들이 벌써 은퇴할 나이가 되었다. 한 후배는 교육공무원으로 고등학교에서 학생들을 가르치면서 보람 있는 생활을 했다. 40대가 되면서 여유 시간을 활용해 어려서부터 하고 싶었던 서예 공부를 시작했다. 서예가인 친구가 운영하는 서방에 일주일에 두 번씩 나가고 집에서도 틈만 나면 붓글씨를 썼다. 이렇게 하기를 10여 년, 2010년도 대한민국 서예대전에서 입선하면서 드디어 서예가의 반열에 오르게 되었다. 붓글씨 쓰기가 좋아 정년 2년을 앞두고 조기 명예퇴직을 했다. 얼마 전 그 후배를 만났다. "선배님, 제가 지금까지 살아오면서 잘한 것이 하나 있다면 40대 초반에 서예를 시작한 거예요. 덕분에 정년 후에도 좋아하는 일을 하면서 보람 있는 삶을 살고 있어요." 이 후배는 칠순이 다 된 지금도 복지 회관, 문화회관 등에서 서예를 가르치며 많은 사람과 소통하고, 용돈도 벌어가면서 인생 후반을 의미 있게 살아가고 있다.

다른 한 후배는 명문대를 나와 대기업에 입사하여 30여 년간 성공적인 직장 생활을 마무리하고 50대 후반에 정년 퇴임을 했다. 경제적으로 여유가 있는 이 후배는 퇴직 전부터 재무적 노후 준비를 착실히 했다. 강원도 경치 좋은 곳에 직장인들의 로망인 전원주택도 하나 마련했다. 자녀들도 다 결혼해서 손자와 손녀도 보았다. 이제 아내와 틈틈이 여행도 하고, 운동도 즐기며 다른 친구들이 부러워할 만한 노후를 보내고 있다. 시간이 되면 강원도 집에 한 번 놀러오라고 했는데 못 가다가 지난여름 원주에 강의를 갔다 오면서 아내와 함께 그 후배 집에 들러 하룻밤을 지냈다. 멀리 동해가 내려다보이는 경치 좋은 곳, 넓은 잔디밭 정원, 나도 한때 이런 집에서 한번 살아보고 싶은 꿈을 가진 적이 있었다. 저녁을 함께하면서 전원생활이 어떠냐고 물었다. "선배님, 장단점이 있어요. 처음에는 공기 좋고 조용해서 주로 이곳에 와서 생활했는데 사람을 만나거나 병원을 가려면 서울까지 가야 하고, 좀 무료하기도 해요. 그래서 요즘은 주중에는 주로 서울에서 생활하고 주말에만 이곳에 와 있어요. 전원주택 생활이란 남 보기에는 좋아보이지만 예상외로 일이 많아요. 행여나 한 주 걸러서 와 보면 정원에 잡초가 장난이 아니에요." 그렇게 만족스러운 표정만은 아닌 듯했다.

은퇴 후의 생활은 사람마다 다르다. 그리고 남들이 생각하는 것과 본인이 느끼는 것도 차이가 크다. 직장인들의 꿈은 정년까지 열심히 일해서 자녀들 뒷바라지하고, 자녀들이 결혼한 후에는 부부가 취미 생활을 하거나 손자 재롱이나 보면서 사는 것이 소박한 꿈이다. 그러나 지금은 그것이 불가능한 시대가 되었다. 한 직장에서 정년까지 일하기도 어렵지만, 60세에 정년 퇴임을 한다 하더라도 30년 이상을 바둑이나 두고 등산이나 하면서 살기에는 남은 시간이 너무 길다.

　은퇴 후에도 일이 있어야 한다. 젊어서는 생업을 위한 일이 있어야 하고, 나이 들어서는 좋아하는 일을 하면서 살아야 한다. 경제적인 여유가 있어 편히 쉰다고 해서 마냥 즐거운 것만은 아니다. 내가 좋아하는 일, 내가 하고 싶었던 일 그리고 남에게 도움이 될 만한 일이 있으면 나이 들어서도 자존감을 가지고 행복하게 살아갈 수 있다. 아무리 바쁘더라도 늦어도 40대가 되면 잠시 숨을 몰아쉬고, 평소에 내가 하고 싶었던 일이 무엇인지, 하고 싶은 일이 무엇인지, 깊이 있게 한번 생각해보고, 더 나은 내일을 위해 오늘의 쾌락을 줄이고 시간을 절약해서 그 일에 공을 들이기 시작해야 한다. 정년 후에 시작하면 이미 늦다. 사람은 좋아하는 일, 하고자 하는 일이 있으면 힘이 생긴다. 가고자 하는 목적지가 있는 사람은 70대도 청춘이다. 오늘이 있어야 내일이 있고, 내 일(My Job)이 있어야 내일(Tomorrow)이 있다.

PART8_ 의미 있는 삶

## 06
# 도전하는 삶에
# 늦은 나이란 없다

 어느 날 젊은 학생들이 모이는 영어 학원에 95세 백발의 할아버지가 찾아왔다. 강사는 깜짝 놀라 할아버지에게 물었다.

"할아버지 어떻게 오셨어요?"

"영어공부 좀 하려고."

말을 잇지 못하는 젊은 강사에게 할아버지는 사연을 이야기한다.

"나는 젊었을 때 정말 열심히 일했습니다. 그 결과 나는 실력을 인정받았고, 존경도 받았습니다. 그 덕에 65세에 당당히 은퇴할 수 있었죠. 그런 내가 30년 후인 95살 생일 때 얼마나 후회의 눈물을 흘렸는지 모릅니다. 내 65년의 생애는 자랑스럽고 떳떳했지만, 이후 30년의 삶은 부끄럽고 후회되고, 비통한 삶이었습니다. 나는 퇴직 후 '이제 다 살았다. 남은 인생은 그냥 덤이다.'라는 생각으로 그저 고통 없이 죽기만을 기다렸습니다. 덧없고 희망이 없는 삶, 그런 삶을 무려 30년이나 살았습니다. 30년의 시간은 지금 내 나이 95세로 보면, 3분의 1에 해당하는 기나긴 시간입니다. 만일 내가 퇴직할 때, 앞으로 30년을 더 살 수 있다고 생각했다면 난 정말 그렇게 살지는 않았을 것입니다. 10년 후에 다시 후회하지 않기 위해서 늦었지만, 지금이라도 영어 공부를 시작할까 합니다."

근래 식생활과 의료 기술의 발달로 인간의 수명은 해마다 점점 높아져 가고 있다. 세계보건기구와 영국 임페리얼 칼리지의 공동 연구에 의하면 우리나라 여성의 기대 수명은 91세이고, 남성은 84세로 기대 수명 세계 1위이다. 앞으로 나노 바이오 기술이 더욱 발달되면 120세까지 사는 시대가 오게 될지도 모른다. 수명이 길어진다는 것은 일에서 손을 놓은 후 살아야 할 기간이 길어진다는 것을 의미한다. 이제 노후의 삶에 대한 생각이 달라져야 한다. 건강하게 장수하는 비결은 무엇일까? 연구에 따르면 규칙적인 운동과 균형 잡힌 식사 그리고 이웃 사람들과 즐겁게 사는 것이 기본이라고 한다. 더욱 중요한 것은 삶의 목적을 가지고 도전하며 사는 사람들이 건강하게 오래 산다는 것이다. 캐나다 칼턴 대학교 연구팀이 6,000여 명을 대상으로 삶의 목적은 무엇인지, 주변 사람들과는 어떠한 관계를 유지하고 있는지를 묻는 설문 조사를 했다. 그 후 대상자들의 14년간의 삶을 추적해본 결과, 주변 사람들과 불만족스러운 관계를 유지하고 삶의 목표가 불투명했던 사람들은 단명했고, 원대한 꿈을 가졌던 사람들이 장수했다.

이 세상에는 늦은 나이에 시작해서 꿈을 이룬 대기만성형 사람들도 많다. 영국의 피우자 싱은 89세에 마라톤에 입문해서 런던 마라톤에서 전 구간을 6시간 54분 만에 완주했고, 100세에 캐나다 토론토 마라톤에서 8시간 11분 06초를 기록, 마라톤 역사상 전 구간을 완주한 첫 100세 인간이라는 이정표를 세웠다. 세계에서 가장 널리 알려진 맥도날드의 창업자 레이 크록도 53세에 사업을 시작했고, 전북 완주에 사는 70세의 차 사순 할머니는 2종 보통면허 운전 시험에서 무려 959번 떨어진 후 960번 만의 도전 끝에 면허증을 손에 넣었다. 사람은 누구나 이루고자 하는 꿈이 있다. 작든 크든 삶의 목적을 가지고 도전하며 살아가는 사람이 그렇지 않은 사람보다 건강하게 오래 산다는 것이다. 목적을 달성했는지와는 무관하게 삶의 목표를 세우고 삶의 방향성을 찾기 위해 노력하는 과정이 수명을 연장하는 작용을 한다는 것이다. 인생에서 무엇을 이루기에 늦은 나이란 없다.

PART8_ 의미 있는 삶

## 07
## 바라봄의 법칙

　　✐ 어려서부터 지구에 대한 관심이 많아 지리 시간에 세계지도만 봐도 마음이 설레는 한 소녀가 있었다. 지구 저편은 어떻게 생겼고 어떤 사람들이 살고 있을까? 세계 여러 나라를 자유롭게 여행하며 살면 얼마나 좋을까? 자라면서 세계에 대한 동경은 머릿속에서 사라지지 않았지만, 기회는 좀처럼 오지 않았다. 학교를 졸업하고 결혼 적령기가 되었다. 자력으로 세상 구경을 하며 산다는 것이 쉽지 않다는 것을 알고 있는 그녀는 해외를 넘나들며 함께 살 수 있는 배우자 만나기를 꿈꾸었다. 그러던 어느 날 지인의 소개로 한 남자를 만났다. 부유하진 않았지만, 인상도 좋고 성실하며 직장도 튼튼했다. 서로 호감이 있어 한동안 데이트를 하며 신뢰를 쌓아갔다. 그러다가 두 사람은 서로 바빠서 한동안 연락이 뜸해졌었는데, 어느 날 남자로부터 한번 만나고 싶다는 연락이 왔다. "미스 신, 이번에 회사에서 해외 연수생 모집이 있었는데, 제가 선발되어 6개월간 일본으로 연수를 떠나게 되었어요. 한동안 못 보게 되겠네요." 그녀는 그날 집으로 돌아오면서 여러 가지 상상을 했다. '이

남자가 일본을 가게 되면 외국어도 익히게 될 것이고, 앞으로 해외에 갈 수 있는 길도 트일 거야.' 그녀는 연수를 떠나기 전에 한번 다시 만나고 싶어 불러냈다. "며칠 후면 떠나신다니 섭섭하네요. 혹시 실례인지 모르지만 떠나시기 전에 약혼이라도 하고 가시면 안 돼요?" 돌발 발언에 남자는 속으로 좋으면서도 당황했다. 사실 남자는 당장 결혼이라도 하고 싶었지만 준비된 것이 없어서 용기를 내지 못하고 있었던 참이었다. "네? 약혼요?" 그래서 양가 친지들을 모시고 간단한 약혼식을 올리고 남자는 일본으로 떠났다. 전화 통화도 쉽지 않았던 70년대 말 떨어져있는 동안 서로 편지를 주고받으며 사랑을 키웠고, 귀국 얼마 후 결혼식을 올리고 전세방에서 신접살림을 시작했다.

예상대로 남자는 자주 해외 출장을 갈 기회가 생겼다. 비록 함께 다닐 수는 없었지만, 외국에 다녀온 이야기를 듣는 것만으로도 행복했다. 그러던 어느 날 남편이 우크라이나로 주재 근무 발령이 났다. 가족이 해외로 갈 수 있는 절호의 기회가 온 것이다. 그녀는 뛸 듯이 기뻤다. 그런데 먼저 출발한 남편으로부터 반갑지 않은 소식이 왔다. "여보, 여기 와서 보니 가족이 와서 생활하기에는 너무 열악한 환경이야. 이 나라는 공산주의 사회에서 분리 독립된 지 얼마 안 되어 치안도 불안하고, 우리나라 60년대 생활환경이랑 비슷해. 더구나 영어권도 아니고 주변에 변변한 대학도 없어. 가족이 오는 것은 안 될 것 같아. 혼자 어려움이 많겠지만, 아이들 교육 잘 부탁해." 그녀는 꿈이 산산조각 나는 것 같아 밤잠을 이룰 수가 없었다.

얼마 후 그녀로부터 전화가 왔다. 한국 시간으로는 한밤중이다. 무슨 사고라도 있나, 불길한 생각이 들었다.

"여보, 이 시간에 웬일이야, 무슨 일 있어?"

"아니, 여기 키예프야."

"키예프라니?"

깜짝 놀랐다. 키예프는 남편이 주재하는 쟈포로지라는 지방 도시에서 기차로 열다섯 시간이나 걸리는 곳에 있는 우크라이나 수도이다. 알고 보니 남편과 상의해서는 안 될 것 같으니까, 그룹 상사를 통해서 이삿짐을 미리 보내고, 고3 아들과 고1인 딸을 데리고 키예프에 도착한 것이다. 일은 벌어졌다. 수습하는 것이 큰 문제다. 무엇보다 아이들 교육 문제가 걱정되었다. 일반대학은 입학할 수 있었지만, 명문인 키예프 국립대학에 입학하려면 기본적으로 영어, 러시아어 외에 우크라이나어 시험을 거쳐야 한다는 것이다. 눈앞이 캄캄했다. 실의에 차있는 아빠에게 아들이 이렇게 위로했다. "아빠 한국에서도 좋은 대학에 들어가기 위해서는 재수를 하는데, 저에게 일 년만 시간을 주세요. 제가 열심히 공부해서 키예프 국립대학에 꼭 들어가겠습니다." 아들의 생각이 기특했다. 그 후 우여곡절 끝에 아들은 키예프 국립대학을 졸업하고, 한국에 돌아와 항공사에서 근무하고 있다. 어려서부터 음악을 좋아했던 딸은 차이콥스키 음대를 졸업하고, 지금은 남편을 따라 캐나다에 가서 성악가로 활동하고 있다. 그녀는 키예프에 있는 남편과도 떨어져 있으면서 말도 안 통하는 어려운 환경속에서 자녀들의 학업을 혼자 뒷바라지하며 틈틈이 서양화를 배웠다.

어려서부터 세계를 동경하며 살아온 한 소녀, 주변에 영어 잘하는 사람만 봐도 존경심이 생긴다는 그녀는 외국을 넘나들며 일할 수 있는 남자와 결혼하고, 열악한 환경에서도 자녀들을 해외에서 공부시켜 세계화 했다. 글로벌 감각이 있는 사위를 맞아들이고, 여행 경비에 도움을 주는 항공사에서 일하는 아들을 두었다. 그녀는 젊어서부터 꿈꾸고 바라보면 이루어진다는 '바라봄의 법칙'을 굳게 믿고 기도하며, 세계 여행을 할 수 있는 환경을 하나하나 만들어나갔다. 그리고 이제 세계를 품고 살아가고자 하는 꿈을 이루었다. 지금 그녀의 집에 가 보면 커다란 여행 지도 (Journey Map)와 서양화들이 갤러리처럼 걸려있다. 여행 지도에는 지금까지 다녀온 곳에 표시해놓은 스티커들이 빼곡하다. 세계 곳곳 가고 싶은 곳을 다녀와서 화폭에 그림을 그리곤 한다. 그녀가 바로 현재 나와 함께 한집에 사는 사람이다.

해바라기가 해를 따라 고개를 돌리듯, 사람은 누구나 꿈을 꾸고, 그 꿈을 바라보고 노력하면 반드시 그 꿈은 이루어진다. 사람은 바라보는 곳을 향해 가게 되어있다. 목적지를 강원도 설악산으로 정하면 언젠가 설악산에 도착하게 되고, 목적지를 부산 해운대로 정하면 언젠가는 해운대에 도착한다. 가고자 하는 목적지가 분명하면 어떻게 갈 것인지에 대한 방법은 다 있기 마련이다. 목적지를 일찍 정하면 여유 있게 갈 수 있고, 뒤늦게 정하면 서둘러야 할 뿐이다. "목표는 주의를 집중하는 것이다. 인간의 의식은 분명한 목적을 갖기 전에는 목표 의식을 향해 움직이지 않는다. 목표를 설정할 때 성공은 이미 시작되는 것이다. 목표를 설정하는 순간 스위치가 켜지고 물이 흐르기 시작하고 성취하려는 힘이 현실화되는 것이다." '린 데이비스'의 말이다. 현실이 아무리 어렵고 눈에 보이는 것, 귀에 들리는 것, 손에 잡히는 것이 없고 앞길이 칠흑같이 어두워도 긍정적인 생각을 가지고 내가 이 세상에 태어나서 한 번밖에 없는 인생을 무엇을 하다가 어디로 갈 것인지, 내가 좋아하는 것이 무엇인지, 꼭 실현하고 싶은 것이 무엇인지를 생각하고 꿈을 꾸고 목적지를 바라보고 매진하면 그 꿈은 반드시 이루어진다. 꿈이 없으면 희망도 없고, 목적지가 없으면 도착할 곳도 없다. 사람은 누구나 긍정적이고 적극적인 씨앗을 마음에 심고 열심히 가꾸면 열정과 자신감이 생기게 되고, 결국 좋은 열매를 맺게 되는 존재이다.

PART8_ 의미 있는 삶

## 08
# 결국,
# 꿈은 이루어진다

나는 어려서부터 운동을 좋아하고, 글쓰기와 말하기를 좋아했다. 학교 성적도 수학이나 과학보다는 국어, 영어, 사회 점수가 좋았다. 소질로 보면 문과 계열이다. 그러나 대학 진학을 준비하면서 본인의 소질이나 장래의 희망 등을 고려해서 계열을 선택하는 것은 나에게는 하나의 사치였다. 당장 대학에 가는 것이 목적이었고, 장학금을 받을 수 있는 대학이나 등록금이 저렴한 국립대학에 들어가야 했다. 원하는 대학에 들어갈 만큼 성적도 충분하지 못했다. 고등학교에 다니면서 그 흔한 학원 수업을 한 시간도 들어본 적이 없다. 학교 수업을 마치고 친구들은 학원을 향할 때, 나는 학비를 벌기 위해 아르바이트 장소로 가야 했다.

우여곡절 끝에 국립대학에 들어가서 기계공학을 전공했다. 대학에 들어가서도 이공 계열 공부에 열정을 쏟지는 못했다. 책도 어문학 계열 책을 많이 읽었고, 동아리 활동도 기독학생회, 흥사단 연구 모임 등 인문학 쪽에 관심이 많았다. 나는 대학을 졸업할 무렵 장래에 대해 고민을 하기 시작했다. 아무리 생각해봐도 기계를 다루는 직업보다는 책 읽고, 글 쓰고, 가르치는 것이 즐거웠다. 그래서 일반 기업에 취직하는 대신 고등학교 교사직을 택했다. 교직에 있으면서 공부를 계속해서 대학교수가 되는 것이 꿈이었다. 그러나 사람의 일이란 뜻대로만 되지 않는다. 70년대 중반 경제성장에 힘입어 대기업 인력이 부족했고, 급여 수준도 교사와 점점 격차가 벌어졌다. 결국, 주위 사람들의 권유에 못 이겨 대기업에 들어갔다.

회사 생활 십여 년 만에 한 조직을 책임지는 부서장이 되었다. 부하 직원만 해도 육백여 명이 되었다. 제조업에서 성공을 거두려면 4M이 앞서 가야 한다. 즉 기계(Machine), 자재(Material), 방법(Method) 그리고 사람(Man)이다. 그중에서 가장 중요한 것은 결국 사람이다. 기계나 자재 그리고 작업 방법을 만들어내는 것도 사람이기 때문이다. 나는 가는 곳마다 교육장을 만들고, 직원들 교육에 심혈을 기울였다. 기계 다루는 법, 제품을 잘 만드는 법, 깨끗하고 안전한 작업장을 만드는 법, 팀워크를 통한 개선 활동 기법, 인간관계 기법 등 학교보다도 가르쳐야 할 과목이 더 많았다. 주기적으로 교육도 하고 시간이 부족하면 '원 포인트 레슨(One Point Lesson)'이라는 교육 자료를 만들어 배포하기도 했다. 꾸준한 직원 교육을 위해서는 많은 자기 공부가 필요했다. 교육의 효과에 힘입어 내가 맡은 부서가 전사 최우수 부서가 되면서 남보다 먼저 임원 진급도 했다. 이러한 노력의 과정을 통해서 환경 품질 책임제(RBPS)라는 사람과 조직을 변화시키는 혁신 시스템을 독자적으로 구축했다. 그 후 『혁신의 비밀』이라는 책을 펴내게 되었고, 이를 통해 RBPS 혁신 시스템은 국내외 대기업, 중소기업에 전파되어 기적 같은 성공 사례를 만들어 그 효과를 입증했다.

지금 와서 생각해보면 그동안 어렵게 학교에 다니면서 원하는 전공을 살리지도 못했고, 대학교수의 꿈도 이루지 못했다. 하지만 지금 더 많은 사람에게 내가 좋아하는 교육을 할 수 있는 발판이 마련된 것은 감사한 일이다. 사람은 누구나 태어나면서 자기가 좋아하고 남보다 잘할 수 있는 것이 있다. 어려서부터 그것을 발견하고 키워나가면 최상이지만, 비록 다른 길로 출발하더라도 목적지가 분명하면 언젠가는 그 목적지에 도달하게 된다는 것을 깨달았다. 사람은 자기 뇌의 사령부 격인 전두엽에 어떤 목표를 설정해놓으면 신체의 나머지 부분이 이 목표를 추구하기 위한 노력을 하게 되기 때문에 언젠가는 그 목표에 도달하게 된다는 것이다. 현재는 칠흑처럼 어두운 밤길을 헤매더라도 마음 밭에 꿈과 비전에 대한 생각의 씨앗을 심고, 그 보물을 끈기를 가지고 가꾸어나가면, 언젠가는 그것이 자라서 열매를 맺게 되는 것이다. 결국, 우리의 꿈은 이루어진다.

PART8_ 의미 있는 삶

**09**

# 의미 있는 삶

✐ 2015년 12월 31일은 나에게 매우 의미 있는 날이었다. 초등학교 졸업 후 방직 공장에 들어가 공원으로 일한 2년을 포함해서 40년이라는 긴 직장 생활을 마무리하고 중견기업 한양정밀 사장직을 마지막으로 정년 퇴임을 하는 날이다. 그날 직원들 대상으로 하는 특별 고별 강연 요청을 받고, '직장인의 성공적인 삶'과 '의미 있는 삶'에 대한 생각을 다시 한 번 정리해보는 계기가 되었다. 나는 내 삶의 확고한 목표가 있는가? 후배들에게 권하고 싶은 성공적인 직장 생활이란 무엇인가?

대부분 직장인의 소박한 꿈은 아마도 정년까지 성공적인 직장 생활을 마무리하고, 그동안 하고 싶었던 여가 생활이나 손자들의 재롱을 보면서 여생을 보내고 싶은 것일 것이다. 그러나 이제 사람의 수명이 길어지면서 그것이 불가능해졌다. 지금은 100세 이상을 사는 101세 시대가 오고 있다. 100세 시대에 60세에 정년한다 해도 40년이라는 기간이 남는다. 경제적인 여유가 있다 하더라도 이 기간을 여행이나 골프, 등산, 색소폰을 불면서 살 수는 없는 일이다. 젊어서부터 인생 전체에 대한 큰 그림을 그리고, 계획을 세우고 준비하지 않으면 행복하고 의미 있는 노후를 맞기 어려운 시대이다. 사람은 살아가면서 누구나 계획을 세운다. 학생은 하루하루 일과표가 있고, 회사에서는 사업 계획이 있다. 사업 계획에는 월간 계획, 연간 계획, 중장기 계획이 포함된다. 새해가 다가오면 몇 달 전부터 지난해의 성과 분석을 바탕으로 전 직원들의 아이디어를 모아 면밀한 사업 계획을 세운다. 매달 계획 대비 실적을 분석하고, 행여 미달이라도 되면 대책을 마련한다. 나는 직장 생활하면서 이런 일을 40여 년간 해왔다. 정년 퇴임을 앞두고 이런 생각을 하게 되었다. 회사에서는 심혈을 기울여 사업 계획을 짜고 직원들에게는 꿈과 비전을 가지라고 하면서, 정작 나는 정리된 내 인생의 비전 차트가 있는가?

미국의 유명한 성공 동기부여 전문가인 폴 마이어는 같은 명문대를 나왔는데 "왜 어떤 사람은 상류로 살고, 어떤 사람은 서민층으로 살까?"라는 의문을 가지고 예일대 졸업생을 대상으로 조사를 했다. 졸업 후 20년간 그들의 삶을 추적해본 결과 상류로 사는 3%는 문서화된 비전을 가지고 있었고, 중류로 사는 10%는 머릿속에 비전을 가지고 있었다. 그리고 서민층으로 사는 87%는 비전 없이 살아가고 있는 사람들이라는 사실을 발견했다. 나는 지금 문서화된 비전을 가지고 있는가? 그날 나는 나의 비전 차트를 정리해서 소개하는 것으로 정년 퇴임 고별 강연을 마무리했다.

그동안 살아온 삶을 뒤돌아보며 내가 생각하는 내 인생의 큰 그림을 정리해보았다. 100세까지 사는 것을 전제로, 원을 다섯 등분하여 인생 5모작 라이프 사이클을 그렸다. 1모작은 태어나서 25세까지이다. 이 시기는 성공적인 인생을 살기 위한 준비 단계로, 실력을 쌓고 자아를 발견하고 꿈을 키워가는 매우 중요한 시기이다. 2모작은 25세에서 60세까지이다. 성공적인 직장 생활을 하는 사람 기준으로 35년이다. 이 시기야말로 인생의 전성기인데, 지나고 보면 너무 짧다. 해마다 한 번씩 수확되는 햇복숭아 35개를 먹으면 가는 세월이다. 이 시기는 생업에 충실하면서 자기만의 브랜드(Personnel Brand)를 준비하는 시기이기도 하다. 자기만의 브랜드가 있어야 노후에도 자존감을 가지고 살아갈 수 있다. 3모작은 60세에서 70세까지이다. 이 시기는 덤으로 일하는 시기이다. 100세 시대에서는 적어도 70세까지는 일을 해야 한다. 건강으로 보나 사회적 여건으로 보아도 충분히 일할 수 있는 나이이다. 이 시기는 돈을 벌기 위한 일보다는 내가 좋아하는 일을 하며 사는 시기이다. 그런데 일하고 싶어도 일자리가 마땅치 않은 것이 문제이다. 젊은 인력도 남아도는데 누가 나이 든 사람 써주냐는 것이다. 방법은 있다. 어떤 자리에서 일하든 젊은 시절부터 내가 좋아하며 남보다 잘할 수 있는 한 가지 일에 공을 들여 노하우를 축적해서 나만의 브랜드를 하나 만드는 것이다. 그러면 나이 들어서 일로도 연결될 수 있고, 노후에 진지한 여가로도 활용할 수 있는 것이다. 4모작은 70세에서 85세까지이다. 이 시기는 1인 기업가로 봉사와 감사의 삶을 사는 시기이다. 이 시기야말로 건강만 하면 인생의 황금기이다. 물질적 여유가 있는 사람은 돈으로, 재능이 있는 사람은 재능 기부를 통해 사회에 봉사하며 취미 생활도 하면서 즐겁게 사는 시기이다. 사람을 즐겁게 하는 것은 돈이나 명예가 아니라 감사와 봉사 그리고 아름다운 추억이다. 마지막 5모작은 85세에서 생을 마감하는 날까지이다. 이 시기는 건강을 유지하고, 자존감을 가지고 의미 있는 일을 하면서 즐겁게 사는 시기이다. 이때 가장 행복한 사람은 언제라도 천국 갈 준비가 되어있는 사람일지도 모른다. 인생을 기차에 비유하면 정년은 종착역이 아니라 환승역이다. 내가 기다리는 다음 열차는 속도와 효율보다는 낭만과 여유를 가지고 쉬엄쉬엄 갈 수 있는 완행열차였으면 좋겠다.

의미 있는 삶이란 무엇인가? 톨스토이는 "인생의 유일한 의미는 인류에 공헌하는 것이다."라고 했다. 의미 있는 삶이란 부와 명예를 얻고 긴장 없는 편안한 삶을 사는 것이 아니라, 더 많은 노력을 해서 능력을 쌓아 인생의 전반을 성공적으로 살고, 후반에는 그렇게 쌓은 능력을 가지고 더 나은 세상을 만들어가며 사는 삶이다.

나는 가난한 농촌에서 태어나 어려서부터 고생을 많이 하면서 자랐다. 그러나 지금 와서 생각해보면 감사한 마음뿐이다. 부모님은 나에게 재산 대신 누구보다 건강한 DNA를 주셨고, 긍정적인 성격을 주셨다. 어려운 환경 덕분에 누구보다 많은 인생 경험을 할 수 있었고, 이것이 성공의 발판이 되는 인내와 열정(Grit)의 성공 습관을 만들었다. 어느덧 나는 지금 내 삶의 황금기인 인생 4모작을 시작하는 70대에 접어들었다. 아침 일찍 출근하지 않아도 된다. 주변 사람들에게 경쟁심이나 질투심을 가질 필요도 없다. 이제 삶의 우선순위를 바꾸어서 시간에 매여 사는 생활을 줄이고, 1인 기업가로서 여유를 가지고 좋아하는 일을 하면서 더 나은 세상을 만들어가는 데 기여하며, 천국의 꿈을 가지고 살아가고자 한다. 만약에 누가 나에게 "지금 다시 태어난다면 어떻게 살고 싶은가?"라고 묻는다면 "난 지난 삶에서 아무것도 바꿀 것이 없다."라고 대답할 것 같다. 죽음 앞에서도 똑같은 대답을 할 수 있도록 나머지 인생도 꿈과 보람을 가지고 살아가고자 한다. 의미 있는 삶으로 가는 길은 좁은 길이다. 그 길가에는 걸림돌들이 많이 놓여있지만 이를 하나하나 긍정의 힘으로 헤쳐 나가다 보면 의미 있는 삶으로 가는 넓은 길을 만나게 된다.